Bienestar en la Vejez

Abordando Necesidades y Prioridades en la Tercera Edad;

7 Acciones Claves para la Longevidad

Pedro Agüero Vallejo

Este libro es una obra de no ficción basada en las experiencias y el conocimiento del autor. Se ha hecho todo lo posible para asegurar la precisión de la información presentada. Sin embargo, el autor y el editor no asumen ninguna responsabilidad por errores, omisiones o interpretaciones incorrectas de los contenidos del libro. Los lectores deben consultar a un profesional adecuado para sus necesidades individuales.

Tabla de contenido

Introducción

En el transcurso de la vida, cada etapa nos presenta desafíos únicos, oportunidades para crecer y momentos para reflexionar. Sin embargo, la vejez, una fase a menudo mal comprendida, representa un periodo esencial y digno de atención especial de nuestra vida.

En este libro, "Bienestar en la Vejez: Abordando Necesidades y Prioridades en la Tercera Edad; 7 Acciones Claves para la Longevidad", exploramos con detenimiento la importancia del bienestar en la vejez y cómo podemos abordar sus necesidades y prioridades de manera efectiva.

La vejez, lejos de ser un declive inevitable, es una oportunidad para cultivar una vida plena, significativa y saludable. Sin embargo, para lograr esto, es crucial comprender y abordar las diversas dimensiones del bienestar en esta etapa de la vida. Desde la salud física y mental hasta el apoyo emocional y la seguridad financiera, las necesidades de los adultos mayores son diversas y complejas.

En este contexto, "7 Acciones Claves para la Longevidad" surgen como pilares fundamentales sobre los cuales construir una vida en la tercera edad que sea vibrante y satisfactoria. Estas acciones no solo promueven una vida más larga, sino también más saludable y significativa. Desde adoptar una alimentación saludable hasta mantenerse mentalmente activo y cultivar relaciones sociales, cada acción desempeña un papel crucial en el fomento del bienestar integral en la vejez.

A lo largo de este libro, exploramos cada una de estas acciones con detalle, proporcionando información práctica, consejos y estrategias para implementarlas en la vida diaria. Además, examinaremos las necesidades y prioridades específicas de los adultos mayores, desde el acceso a la atención médica hasta la planificación financiera y el sentido de propósito.

En última instancia, este libro tiene como objetivo brindar un recurso integral para aquellos que buscan no solo sobrevivir, sino prosperar en la tercera edad. Al abordar las necesidades y prioridades de los adultos mayores y al ofrecer herramientas prácticas para promover su bienestar, esperamos inspirar y empoderar a los lectores a vivir una vida en la vejez que esté llena de vitalidad, propósito y felicidad.

Visión general de las necesidades y prioridades en la tercera edad

La tercera edad, o la etapa de la vejez, es un período de la vida que conlleva una serie de necesidades y prioridades únicas. A medida que las personas envejecen, experimentan cambios físicos, emocionales y sociales que pueden influir significativamente en su bienestar y calidad de vida.

Comprender estas necesidades y prioridades es esencial para garantizar que los adultos mayores reciban el apoyo adecuado y puedan disfrutar de una vejez plena y satisfactoria.

Una de las necesidades más prominentes en la tercera edad es la salud física. Con el envejecimiento, aumenta el riesgo de desarrollar enfermedades crónicas como la diabetes, la hipertensión y las enfermedades cardíacas.

Además, las personas mayores a menudo experimentan una disminución en la movilidad y la fuerza muscular, lo que puede dificultar la realización de actividades diarias. Por lo tanto, es fundamental brindar acceso a una atención médica adecuada y promover un estilo de vida saludable que incluya una dieta equilibrada y ejercicio regular.

Además de la salud física, la salud mental y emocional también es una prioridad en la tercera edad. Muchos adultos mayores enfrentan desafíos como la soledad, la depresión y la ansiedad, especialmente si experimentan pérdidas significativas, como la muerte de seres queridos o la jubilación.

Es crucial proporcionar apoyo emocional y social a los adultos mayores, ya sea a través de actividades recreativas, grupos de apoyo o terapia individual, para ayudarles a mantener una buena salud mental y disfrutar de una vida emocionalmente satisfactoria.

Otra necesidad importante en la tercera edad es la seguridad y protección. A medida que las personas envejecen, pueden volverse más vulnerables a la explotación, el abuso y el fraude. Es fundamental garantizar que los adultos mayores tengan acceso a entornos seguros y protegidos, así como a recursos para ayudarles a proteger sus derechos y su integridad personal.

La independencia y la autonomía son aspectos igualmente importantes de la vida en la tercera edad. Muchos adultos mayores desean mantener su independencia tanto como sea posible y participar activamente en la toma de decisiones que afecten sus vidas.

Para apoyar esto, es crucial proporcionar opciones de vivienda adaptadas a las necesidades de los adultos mayores, así como acceso a transporte y servicios comunitarios que les permitan mantener su independencia y participar en la vida social y económica.

Por último, la planificación para el futuro y la gestión del patrimonio son prioridades importantes en la tercera edad. A medida que las personas envejecen, es fundamental asegurarse de que tengan los recursos financieros necesarios para cubrir sus necesidades a largo plazo, como el cuidado médico y la vivienda.

Además, es importante garantizar que tengan documentos legales importantes en su lugar, como testamentos y poderes notariales, para proteger sus intereses y garantizar una transición sin problemas en caso de enfermedad o fallecimiento.

Por lo que, la tercera edad presenta una serie de necesidades y prioridades únicas que requieren una atención cuidadosa y comprensiva. Al abordar estas necesidades de manera integral, podemos garantizar que los adultos mayores reciban el apoyo necesario para disfrutar de una vejez plena y satisfactoria.

Comprendiendo las necesidades de los adultos mayores

Comprender las necesidades de los adultos mayores es esencial para proporcionarles el apoyo y la atención adecuados en la tercera edad. Estas necesidades abarcan diversos aspectos, desde la salud física y mental hasta la seguridad y la autonomía.

En primer lugar, la salud física es una prioridad fundamental para los adultos mayores. Con el envejecimiento, aumenta el riesgo de desarrollar enfermedades crónicas como la diabetes, la hipertensión y las enfermedades cardíacas.

Además, muchos adultos mayores experimentan una disminución en la movilidad y la fuerza muscular, lo que puede afectar su capacidad para realizar actividades cotidianas. Por lo tanto, es crucial proporcionar acceso a una atención médica adecuada, incluidos exámenes regulares y tratamiento para condiciones crónicas, así como promover un estilo de vida saludable que incluya una dieta balanceada y ejercicio regular.

Además de la salud física, la salud mental y emocional es igualmente importante para el bienestar de los adultos mayores. Muchos experimentan desafíos como la soledad, la depresión y la ansiedad, especialmente si enfrentan pérdidas significativas o cambios en su vida, como la jubilación. Por lo tanto, es crucial brindar apoyo emocional y social a los adultos mayores, ya sea a través de actividades recreativas, grupos de apoyo o terapia individual, para ayudarles a mantener una buena salud mental y disfrutar de una vida emocionalmente satisfactoria.

Otra necesidad clave de los adultos mayores es la seguridad y protección. A medida que envejecen, pueden volverse más vulnerables a la explotación, el abuso y el fraude. Por lo tanto, es importante garantizar que tengan acceso a entornos seguros y protegidos, así como a recursos para ayudarles a proteger sus derechos y su integridad personal.

Finalmente, la independencia y la autonomía son aspectos importantes de la vida en la tercera edad. Muchos adultos mayores desean mantener su independencia tanto como sea posible y participar activamente en la toma de decisiones que afecten sus vidas.

Por lo tanto, es fundamental proporcionar opciones de vivienda adaptadas a las necesidades de los adultos mayores, así como acceso a transporte y servicios comunitarios que les permitan mantener su independencia y participar en la vida social y económica.

Así, comprender las necesidades de los adultos mayores es fundamental para garantizar su bienestar en la tercera edad. Al abordar estas necesidades de manera integral, podemos proporcionarles el apoyo y la atención adecuados para que puedan disfrutar de una vejez plena y satisfactoria.

Visión general de las necesidades y prioridades en la tercera edad

A medida que las personas envejecen, su vulnerabilidad a la explotación, el abuso y el fraude puede aumentar debido a diversos factores, como la disminución de la capacidad física y cognitiva, la dependencia de otros para el cuidado y la gestión financiera, y una mayor susceptibilidad a la influencia externa. Es esencial garantizar que los adultos mayores tengan acceso a entornos seguros y protegidos donde puedan vivir y participar en la comunidad sin temor a ser víctimas de abusos o fraudes.

Esto implica no solo proporcionar medidas de seguridad física, como la prevención del acceso no autorizado a sus hogares o residencias, sino también ofrecer recursos y servicios que les ayuden a proteger sus derechos y su integridad personal.

Esto puede incluir la capacitación sobre cómo reconocer y prevenir el abuso y el fraude, así como el acceso a servicios legales y de apoyo para aquellos que han sido víctimas de estos delitos. Además, promover una cultura de respeto y sensibilidad hacia los adultos mayores puede contribuir significativamente a crear entornos seguros y protegidos para esta población vulnerable.

Otra necesidad clave de los adultos mayores es la seguridad y protección. A medida que envejecen, pueden volverse más vulnerables a la explotación, el abuso y el fraude. Por lo tanto, es importante garantizar que tengan acceso a entornos seguros y protegidos, así como a recursos para ayudarles a proteger sus derechos y su integridad personal.

A medida que las personas envejecen, su vulnerabilidad a la explotación, el abuso y el fraude puede aumentar debido a diversos factores, como la disminución de la capacidad física y cognitiva, la dependencia de otros para el cuidado y la gestión financiera, y una mayor susceptibilidad a la influencia externa.

Es esencial garantizar que los adultos mayores tengan acceso a entornos seguros y protegidos donde puedan vivir y participar en la comunidad sin temor a ser víctimas de abusos o fraudes.

Esto implica no solo proporcionar medidas de seguridad física, como la prevención del acceso no autorizado a sus hogares o residencias, sino también ofrecer recursos y servicios que les ayuden a proteger sus derechos y su integridad personal.

Esto puede incluir la capacitación sobre cómo reconocer y prevenir el abuso y el fraude, así como el acceso a servicios legales y de apoyo para aquellos que han sido víctimas de estos delitos. Además, promover una cultura de respeto y sensibilidad hacia los adultos mayores puede contribuir significativamente a crear entornos seguros y protegidos para esta población vulnerable.

Salud física y mental en el envejeciente

La salud física y mental en los adultos mayores es un aspecto fundamental para su bienestar integral durante la etapa del envejecimiento. En primer lugar, la salud física en la tercera edad abarca una variedad de aspectos, incluyendo la prevención y el manejo de enfermedades crónicas, la promoción de estilos de vida saludables y el mantenimiento de la funcionalidad física.

Los adultos mayores son más propensos a desarrollar enfermedades crónicas como la diabetes, la hipertensión arterial, las enfermedades cardíacas y la osteoartritis. Por ello, es crucial que reciban una atención médica regular para el diagnóstico temprano y el tratamiento adecuado de estas condiciones.

Además, adoptar hábitos saludables, como una alimentación balanceada, la práctica regular de ejercicio físico y la abstinencia del tabaco y el alcohol, puede contribuir significativamente a mejorar su salud física y prevenir enfermedades.

La salud mental en los adultos mayores también es de suma importancia. Muchos experimentan cambios en su salud mental, como la depresión, la ansiedad y el deterioro cognitivo, que pueden afectar su calidad de vida y funcionamiento diario.

Es fundamental proporcionarles apoyo emocional y acceso a servicios de salud mental, como la terapia y el asesoramiento, para ayudarles a manejar estos desafíos de manera efectiva. Además, fomentar la participación en actividades sociales y cognitivamente estimulantes puede ayudar a mantener su salud mental y prevenir el deterioro cognitivo.

Además de abordar las necesidades de salud física y mental de los adultos mayores de manera individual, es importante promover un enfoque holístico que reconozca la interconexión entre ambos aspectos.

Por ejemplo, el ejercicio físico regular no solo mejora la salud cardiovascular y la fuerza muscular, sino que también puede tener efectos positivos en el estado de ánimo y la salud mental en general.

Del mismo modo, una dieta saludable que incluya alimentos ricos en nutrientes puede beneficiar tanto al cuerpo como a la mente.

Así que, la salud física y mental en los adultos mayores son componentes esenciales para su bienestar y calidad de vida en la tercera edad. Al brindarles acceso a servicios de atención médica integral, promover estilos de vida saludables y ofrecer apoyo emocional y social, podemos contribuir a mejorar su salud física y mental y permitirles disfrutar de una vejez plena y satisfactoria.

Bienestar emocional y social en el envejeciente

El bienestar emocional y social en los adultos mayores juega un papel crucial en su calidad de vida y satisfacción en la tercera edad. Comprende la capacidad de manejar las emociones de manera saludable, mantener relaciones sociales significativas y sentirse conectado con otros y con el entorno que les rodea.

En primer lugar, el bienestar emocional implica la capacidad de los adultos mayores para manejar el estrés, la ansiedad, la tristeza y otras emociones de manera efectiva.

A medida que envejecen, pueden enfrentarse a diversos desafíos emocionales, como la pérdida de seres queridos, problemas de salud, cambios en su independencia y adaptación a nuevas circunstancias. Por lo tanto, es esencial proporcionarles apoyo emocional y acceso a servicios de salud mental, como la terapia y el asesoramiento, para ayudarles a enfrentar estos desafíos y mantener una salud emocional óptima.

El bienestar social, por otro lado, se refiere a la capacidad de los adultos mayores para mantener relaciones interpersonales significativas y participar en actividades sociales y comunitarias.

La conexión con amigos, familiares y miembros de la comunidad es fundamental para su sentido de pertenencia y bienestar en la tercera edad. Por lo tanto, es importante fomentar la participación en actividades sociales y recreativas, así como proporcionar oportunidades para establecer nuevas amistades y fortalecer las relaciones existentes.

Además, el apoyo social y emocional de amigos, familiares y cuidadores es esencial para el bienestar emocional y social de los adultos mayores. El sentimiento de ser escuchados, valorados y apoyados contribuye significativamente a su felicidad y satisfacción en la vida.

Por lo tanto, es fundamental promover un ambiente de comprensión, empatía y respeto hacia los adultos mayores, así como fomentar una red de apoyo sólida que esté disponible para ellos en todo momento.

Un aspecto importante del bienestar emocional y social en los adultos mayores es la inclusión y la participación en la sociedad. La discriminación y el estigma asociados con la vejez pueden afectar negativamente su autoestima y bienestar emocional.

Por lo tanto, es crucial promover una cultura de respeto y valoración de las personas mayores, así como proporcionar oportunidades para su participación activa en la sociedad y el mantenimiento de su autonomía y dignidad.

En resumen, el bienestar emocional y social en los adultos mayores es un aspecto integral de su calidad de vida en la tercera edad. Al proporcionarles apoyo emocional y social, promover relaciones significativas y fomentar su participación activa en la sociedad, podemos contribuir a su felicidad, satisfacción y sentido de bienestar en esta etapa de la vida.

Independencia y autonomía del envejeciente

La independencia y autonomía son aspectos vitales del bienestar en la tercera edad, ya que permiten a los adultos mayores mantener un sentido de control sobre sus vidas y tomar decisiones que afectan su calidad de vida. Estos conceptos abarcan la capacidad de los envejecientes para llevar a cabo actividades diarias, tomar decisiones importantes y participar en la sociedad de manera significativa, todo ello sin depender en exceso de la ayuda de otros.

En primer lugar, la independencia física es fundamental para la autonomía de los adultos mayores. Implica la capacidad de realizar actividades básicas de la vida diaria, como vestirse, bañarse, comer y moverse, sin necesidad de asistencia constante.

Para mantener esta independencia, es importante promover un estilo de vida saludable que incluya ejercicio regular, alimentación balanceada y cuidado de la salud preventiva. Además, adaptar el entorno físico, como hacer modificaciones en el hogar para facilitar el acceso y la movilidad, puede ayudar a los envejecientes a mantener su independencia y seguridad.

La independencia emocional también es esencial para el bienestar de los adultos mayores.

Implica la capacidad de manejar las emociones de manera saludable y tomar decisiones que promuevan su bienestar emocional.

Esto puede incluir buscar apoyo emocional cuando sea necesario, establecer límites saludables en las relaciones y desarrollar estrategias de afrontamiento efectivas para manejar el estrés y la ansiedad. Fomentar la autoexpresión y la autoaceptación puede ayudar a los envejecientes a mantener su independencia emocional y a sentirse seguros en su identidad y emociones.

Además, la independencia social es crucial para la autonomía de los adultos mayores. Implica la capacidad de mantener relaciones significativas con amigos, familiares y miembros de la comunidad, así como participar en actividades sociales y culturales que les brinden satisfacción y conexión.

Para fomentar esta independencia, es importante proporcionar oportunidades para la participación social y comunitaria, así como promover un ambiente inclusivo y de apoyo para los envejecientes.

En resumen, la independencia y autonomía son aspectos fundamentales del bienestar en la tercera edad. Al promover la independencia física, emocional y social de los adultos mayores, podemos ayudarles a mantener un sentido de control sobre sus vidas y disfrutar de una vejez activa, satisfactoria y significativa.

Seguridad y protección del envejeciente

La seguridad y protección del envejeciente son aspectos fundamentales para garantizar su bienestar y calidad de vida en la tercera edad. A medida que las personas envejecen, pueden volverse más vulnerables a diferentes tipos de riesgos, como el abuso, la negligencia, los accidentes y la explotación. Por lo tanto, es crucial implementar medidas adecuadas para proteger su seguridad y salvaguardar su integridad personal.

En primer lugar, es importante proporcionar un entorno físico seguro para los adultos mayores. Esto implica identificar y eliminar posibles peligros en el hogar, como escalones resbaladizos, alfombras sueltas o muebles inestables, que puedan aumentar el riesgo de caídas y lesiones.

Además, se pueden instalar dispositivos de seguridad, como barras de agarre en el baño y pasamanos en las escaleras, para ayudar a prevenir accidentes y promover la movilidad segura.

La seguridad emocional también es crucial para el bienestar de los envejecientes. Esto implica crear un ambiente de confianza y respeto en el que se sientan seguros y protegidos emocionalmente.

Es importante escuchar sus preocupaciones, validar sus sentimientos y brindarles apoyo emocional cuando lo necesiten. Además, es fundamental protegerlos de situaciones de abuso, negligencia o explotación, ya sea por parte de cuidadores, familiares u otras personas en su entorno.

Además, la seguridad financiera es un aspecto importante de la protección del envejeciente. Los adultos mayores pueden ser blanco de estafas financieras, fraudes y abusos económicos, por lo que es crucial brindarles educación financiera y ayudarles a proteger sus activos y recursos.

Esto puede implicar establecer mecanismos de control, como poderes notariales y designaciones de representante legal, para garantizar que sus finanzas sean manejadas de manera responsable y ética.

Por último, es esencial promover la seguridad social y comunitaria para los adultos mayores. Esto implica crear redes de apoyo y sistemas de alerta que ayuden a identificar y responder a situaciones de riesgo o emergencia.

Además, se pueden ofrecer programas y servicios que promuevan la participación social, el bienestar emocional y la integración comunitaria de los envejecientes, ayudándoles a sentirse seguros y protegidos en su entorno.

Por lo que, la seguridad y protección del envejeciente son aspectos cruciales para garantizar su bienestar y calidad de vida en la tercera edad. Al implementar medidas adecuadas para proteger su seguridad física, emocional, financiera y social, podemos ayudarles a vivir de manera segura, independiente y digna en su entorno.

Capítulo 2:
Abordando las prioridades en la tercera edad

En este tema, "Abordando las Prioridades en la Tercera Edad", se centra en identificar y comprender las necesidades más apremiantes de los adultos mayores durante esta etapa de la vida y en proporcionar estrategias y recursos para satisfacer esas necesidades de manera efectiva.

En primer lugar, se destaca la importancia de reconocer que las necesidades de los adultos mayores pueden variar ampliamente y que abordar estas prioridades de manera individualizada es fundamental para garantizar su bienestar integral.

Se resalta la necesidad de una atención médica y social personalizada que tenga en cuenta las condiciones de salud, la situación financiera, el entorno social y otros factores que influyen en la calidad de vida de los envejecientes.

Una de las prioridades clave en la tercera edad es el acceso a la atención médica y servicios de salud adecuados. Se aborda la importancia de la prevención, el diagnóstico temprano y el tratamiento efectivo de las enfermedades crónicas y otras condiciones de salud comunes en los adultos mayores. Se ofrecen recomendaciones para mejorar el acceso a la atención médica, incluida la promoción de la atención primaria, la telemedicina y los programas de atención domiciliaria.

Otra prioridad es la promoción de un estilo de vida activo y saludable. Se destacan los beneficios del ejercicio físico regular, una dieta equilibrada y otras prácticas de autocuidado para mantener la salud y la funcionalidad en la tercera edad.

Se ofrecen sugerencias prácticas para incorporar hábitos saludables en la vida diaria, como participar en actividades recreativas, practicar ejercicio regularmente y seguir una dieta rica en nutrientes.

El apoyo emocional y social también se identifica como una prioridad crucial en la tercera edad. Se destaca la importancia de mantener conexiones significativas con amigos, familiares y la comunidad en general para prevenir el aislamiento social y promover el bienestar emocional.

Se ofrecen estrategias para fomentar la participación social y el apoyo emocional, como unirse a grupos de apoyo, participar en actividades recreativas y mantenerse en contacto con seres queridos.

La seguridad financiera y la planificación para el futuro son otras prioridades clave en la tercera edad.

Se abordan los desafíos financieros comunes que enfrentan los adultos mayores, como la jubilación, el cuidado a largo plazo y los costos de atención médica. Se ofrecen consejos para gestionar el patrimonio, planificar el retiro y acceder a recursos financieros y programas de asistencia disponibles para los envejecientes.

En resumen, abordar las prioridades en la tercera edad requiere un enfoque holístico que tenga en cuenta las necesidades físicas, emocionales, sociales y financieras de los adultos mayores.

Al proporcionar acceso a la atención médica adecuada, promover estilos de vida saludables, fomentar el apoyo emocional y social, y ofrecer recursos para la seguridad financiera y la planificación para el futuro, podemos ayudar a garantizar el bienestar integral de los envejecientes durante esta etapa de la vida.

Acceso a la atención médica y servicios de salud adecuados para el adulto de la tercera edad

El acceso a la atención médica y servicios de salud adecuados es una prioridad fundamental para el bienestar integral del adulto mayor en la tercera edad. Durante esta etapa de la vida, las necesidades de atención médica tienden a aumentar debido a la mayor prevalencia de enfermedades crónicas, la necesidad de gestionar condiciones de salud complejas y la importancia de la prevención y el diagnóstico temprano de enfermedades.

En primer lugar, es crucial garantizar que los adultos mayores tengan acceso a una atención médica integral y de calidad. Esto implica disponer de una red de atención primaria accesible que proporcione servicios de atención médica preventiva, gestión de enfermedades crónicas, chequeos de salud regulares y orientación sobre estilos de vida saludables.

Además, se deben ofrecer servicios de atención especializada cuando sea necesario, incluidos servicios de geriatría, cardiología, neurología y otros campos médicos relevantes para abordar las necesidades específicas de salud de los adultos mayores.

La telemedicina también ha emergido como una herramienta valiosa para mejorar el acceso a la atención médica en la tercera edad, especialmente para aquellos que enfrentan barreras geográficas, de movilidad o de transporte.

A través de consultas virtuales, los adultos mayores pueden acceder a servicios médicos y recibir atención médica sin tener que desplazarse físicamente a un centro de atención médica. Esto no solo aumenta la accesibilidad a la atención médica, sino que también puede mejorar la conveniencia y la eficiencia de los servicios de salud.

Además, es importante garantizar que los adultos mayores tengan acceso a medicamentos y tratamientos adecuados para gestionar sus condiciones de salud.

Esto implica asegurar que los medicamentos recetados sean asequibles y estén disponibles, así como proporcionar acceso a tratamientos médicos y terapias que ayuden a mejorar la salud y la calidad de vida de los envejecientes.

Los programas de cobertura de medicamentos y los subsidios para adultos mayores pueden ser útiles para garantizar que tengan acceso a los medicamentos que necesitan sin incurrir en costos prohibitivos.

La atención médica en la tercera edad también debe incluir un enfoque integral que aborde las necesidades físicas, emocionales y sociales de los adultos mayores. Esto implica proporcionar servicios de salud mental y emocional, así como apoyo para el autocuidado y la gestión de la salud.

Además, se deben ofrecer programas y servicios de apoyo para ayudar a los adultos mayores a mantener su independencia y calidad de vida, como servicios de cuidados en el hogar, centros de día para adultos mayores y programas de envejecimiento activo.

En resumen, el acceso a la atención médica y servicios de salud adecuados es esencial para garantizar el bienestar integral del adulto mayor en la tercera edad.

Al asegurar que tengan acceso a una atención médica integral, servicios de atención preventiva, medicamentos y tratamientos adecuados, así como apoyo para el autocuidado y la gestión de la salud, podemos ayudar a garantizar que los adultos mayores reciban la atención médica que necesitan para mantenerse saludables y disfrutar de una vida plena y activa durante esta etapa de la vida.

Por qué promover un estilo de vida activo y saludable para los envejecientes

Promover un estilo de vida activo y saludable en los envejecientes es esencial para garantizar su bienestar físico, mental y emocional durante la tercera edad. Este enfoque tiene múltiples beneficios que contribuyen a una mejor calidad de vida y a un envejecimiento más satisfactorio.

En primer lugar, un estilo de vida activo y saludable ayuda a mantener la salud física de los envejecientes. El ejercicio regular fortalece los músculos y huesos, mejora la resistencia cardiovascular y promueve la flexibilidad y el equilibrio, lo que reduce el riesgo de caídas y lesiones.

Además, el ejercicio puede ayudar a controlar el peso, reducir la presión arterial y mejorar la salud cardiovascular, lo que a su vez reduce el riesgo de enfermedades crónicas como la diabetes, la hipertensión y las enfermedades cardíacas.

Además, el ejercicio físico regular tiene beneficios significativos para la salud mental y emocional de los envejecientes. El ejercicio libera endorfinas, neurotransmisores que actúan como analgésicos naturales y mejoran el estado de ánimo, lo que puede ayudar a reducir el estrés, la ansiedad y la depresión.

Además, el ejercicio regular puede mejorar la función cognitiva y la salud del cerebro, reduciendo el riesgo de deterioro cognitivo y demencia en la tercera edad.

Un estilo de vida activo y saludable también promueve la independencia y la autonomía en los envejecientes. Mantenerse físicamente activo y saludable les permite realizar actividades diarias con mayor facilidad y mantener su independencia funcional durante más tiempo.

Esto les brinda un mayor sentido de control sobre sus vidas y les permite participar plenamente en actividades sociales, recreativas y laborales, lo que contribuye a su bienestar emocional y social en la tercera edad.

Además, promover un estilo de vida activo y saludable en los envejecientes puede tener beneficios a largo plazo para la sociedad en su conjunto. Al mantener a los adultos mayores sanos y activos, se reduce la carga sobre el sistema de salud y se aumenta la productividad y la participación en la fuerza laboral, lo que contribuye al crecimiento económico y al desarrollo social.

Además, los adultos mayores activos y saludables pueden desempeñar un papel importante como mentores y líderes en sus comunidades, compartiendo su experiencia y conocimientos con generaciones más jóvenes y contribuyendo al tejido social y cultural de la sociedad.

Promover un estilo de vida activo y saludable en los envejecientes es esencial para garantizar su bienestar físico, mental y emocional durante la tercera edad.

El ejercicio regular y una dieta saludable no solo ayudan a mantener la salud física y prevenir enfermedades crónicas, sino que también mejoran la salud mental y emocional, promueven la independencia y la autonomía, y contribuyen al bienestar social y económico en la tercera edad.

Por lo tanto, es importante proporcionar acceso a programas y servicios que fomenten un estilo de vida activo y saludable para los envejecientes, así como promover una cultura que valore y apoye el envejecimiento activo y saludable.

El Apoyo emocional y social: familia, amigos y comunidad

El apoyo emocional y social es uno de los aspectos más cruciales para el bienestar de los adultos mayores. Durante la tercera edad, las relaciones con la familia, los amigos y la comunidad desempeñan un papel fundamental en la salud mental, la calidad de vida y la capacidad para hacer frente a los desafíos que se presentan en esta etapa de la vida.

En primer lugar, el apoyo emocional proveniente de la familia es de vital importancia para los adultos mayores. Las relaciones familiares brindan un sentido de pertenencia, seguridad y afecto que son fundamentales para el bienestar emocional en la tercera edad.

El apoyo de los seres queridos puede ayudar a los adultos mayores a enfrentar el estrés, la ansiedad y la depresión, así como a proporcionar consuelo y alivio en momentos difíciles.

Además, las relaciones familiares sólidas pueden servir como un sistema de apoyo para la toma de decisiones importantes relacionadas con la salud, el cuidado y la planificación para el futuro.

Además del apoyo de la familia, las amistades también son una fuente invaluable de apoyo emocional y social para los adultos mayores. Mantener relaciones sociales significativas con amigos de toda la vida o hacer nuevos amigos en la tercera edad puede proporcionar compañía, diversión y conexión emocional.

Las amistades ofrecen oportunidades para compartir intereses, experiencias y emociones, lo que puede ayudar a reducir el aislamiento social y mejorar el bienestar emocional en la tercera edad.

Asimismo, la comunidad juega un papel importante en el apoyo emocional y social de los adultos mayores. Participar en actividades comunitarias, grupos de interés o eventos locales puede ayudar a los envejecientes a sentirse conectados y valorados en su entorno.

La comunidad también puede proporcionar recursos y servicios que promuevan el bienestar de los adultos mayores, como programas de voluntariado, centros de recreación para adultos mayores y servicios de transporte para acceder a la atención médica y actividades sociales.

Es importante destacar que el apoyo emocional y social no solo beneficia a los adultos mayores, sino que también tiene efectos positivos en la sociedad en su conjunto.

Al promover relaciones familiares fuertes, amistades significativas y una comunidad solidaria, se crea un entorno en el que los adultos mayores pueden envejecer de manera saludable y activa, contribuyendo al bienestar general de la sociedad.

Además, el apoyo emocional y social puede ayudar a prevenir el abuso, la negligencia y el maltrato de los adultos mayores, al proporcionarles redes de apoyo sólidas que los protejan de situaciones de riesgo.

En resumen, el apoyo emocional y social proveniente de la familia, los amigos y la comunidad es fundamental para el bienestar de los adultos mayores en la tercera edad. Estas relaciones proporcionan un sentido de pertenencia, seguridad y afecto que son esenciales para el bienestar emocional y la calidad de vida en la tercera edad.

Por lo tanto, es importante promover y fortalecer estas relaciones, así como proporcionar acceso a recursos y servicios que apoyen el bienestar emocional y social de los adultos mayores en la tercera edad.

Seguridad financiera y planificación para el futuro de los adultos de la tercera edad

La seguridad financiera y la planificación para el futuro son aspectos cruciales para garantizar el bienestar económico y la estabilidad en la tercera edad. Durante esta etapa de la vida, es fundamental contar con recursos financieros adecuados para cubrir los gastos diarios, los cuidados médicos y las necesidades de vivienda, así como para planificar y prepararse para los desafíos futuros que puedan surgir.

En primer lugar, es importante establecer una base sólida para la seguridad financiera en la tercera edad. Esto implica tomar medidas para gestionar y proteger los ingresos y activos actuales, como el ahorro para el retiro, la inversión en cuentas de jubilación y la planificación de pensiones.

Además, es importante crear un presupuesto que refleje las necesidades y prioridades financieras de la tercera edad, incluidos los gastos médicos, de vivienda, alimentación, transporte y ocio.

La planificación para el futuro también incluye la preparación para posibles emergencias financieras y la protección contra riesgos como la inflación, la volatilidad del mercado y los cambios en las condiciones económicas. Esto puede implicar la adquisición de seguros de vida, salud y cuidado a largo plazo, así como la creación de un fondo de emergencia para hacer frente a gastos imprevistos o situaciones de crisis.

Además de garantizar la seguridad financiera a corto plazo, es importante planificar y prepararse para la jubilación y los años posteriores a la jubilación. Esto implica evaluar las opciones de jubilación disponibles, como la jubilación anticipada, la jubilación parcial o la prolongación de la vida laboral, y tomar decisiones informadas sobre cuándo y cómo retirarse.

Además, es importante considerar cómo gestionar los activos y los ingresos durante la jubilación para garantizar un flujo constante de ingresos y mantener un nivel de vida cómodo y satisfactorio.

La planificación para el cuidado a largo plazo también es un aspecto importante de la seguridad financiera en la tercera edad. A medida que las personas envejecen, es posible que necesiten asistencia con actividades diarias como la alimentación, el vestido y el baño, así como cuidados médicos más intensivos debido a enfermedades crónicas o discapacidades.

Por lo tanto, es importante considerar opciones de cuidado a largo plazo, como la atención en el hogar, la vida asistida o los centros de atención a largo plazo, y planificar cómo financiar estos servicios si es necesario.

Además de la planificación financiera, es importante abordar cuestiones legales y de planificación patrimonial en la tercera edad. Esto puede incluir la creación de un testamento, un poder notarial y un documento de voluntades anticipadas, así como la designación de un representante legal para tomar decisiones en caso de incapacidad.

Además, es importante revisar y actualizar regularmente estos documentos para reflejar los cambios en las circunstancias y preferencias a lo largo del tiempo.

Por lo que, la seguridad financiera y la planificación para el futuro son aspectos fundamentales para garantizar el bienestar económico y la estabilidad en la tercera edad.

Al tomar medidas para gestionar y proteger los ingresos y activos actuales, planificar y prepararse para la jubilación y los años posteriores a la jubilación, y abordar cuestiones legales y de planificación patrimonial, podemos ayudar a los adultos mayores a disfrutar de una jubilación segura, cómoda y satisfactoria.

Adecuación del entorno físico y social para los envejecientes

La adecuación del entorno físico y social para los envejecientes es esencial para garantizar su bienestar y calidad de vida durante la tercera edad. Un entorno físico adaptado y accesible puede mejorar la seguridad, la funcionalidad y la autonomía de los adultos mayores, mientras que un entorno social inclusivo y de apoyo puede promover la participación, la conexión y el sentido de pertenencia en la comunidad.

En primer lugar, la adecuación del entorno físico implica hacer ajustes y modificaciones en el hogar y en los espacios públicos para satisfacer las necesidades específicas de los adultos mayores.

Esto puede incluir la instalación de pasamanos y barras de agarre en áreas como el baño y las escaleras para reducir el riesgo de caídas, así como la eliminación de obstáculos y la mejora de la iluminación para facilitar el movimiento y la visión.

Además, se pueden hacer modificaciones en la vivienda, como la instalación de rampas, ascensores o escaleras mecánicas, para facilitar el acceso y la movilidad de los envejecientes.

Además de adaptar el entorno físico del hogar, es importante crear espacios públicos y comunitarios que sean accesibles y acogedores para los adultos mayores.

Esto puede incluir la creación de parques y áreas recreativas con senderos accesibles, bancos para descansar y áreas de sombra, así como la instalación de señalización clara y fácil de leer para orientar a los envejecientes en espacios públicos.

Además, se pueden ofrecer servicios de transporte accesible para facilitar el desplazamiento de los adultos mayores hacia y desde sus hogares y lugares de interés en la comunidad.

La adecuación del entorno social también es importante para el bienestar de los adultos mayores. Esto implica crear una cultura y un clima social que valoren y respeten a las personas mayores, así como promover la inclusión y la participación de los envejecientes en la comunidad.

Se pueden ofrecer programas y actividades específicamente diseñados para adultos mayores, como clases de ejercicio, grupos de apoyo, clubes sociales y actividades recreativas, que fomenten la conexión social y el sentido de pertenencia.

Además, es importante proporcionar apoyo emocional y social a los adultos mayores que puedan enfrentar situaciones de aislamiento, soledad o pérdida. Se pueden establecer redes de apoyo y sistemas de alerta comunitarios que ayuden a identificar y responder a las necesidades de los envejecientes, así como ofrecer servicios de asesoramiento y terapia para aquellos que necesiten apoyo emocional adicional.

Además, se pueden promover relaciones intergeneracionales que fomenten la conexión y el intercambio de conocimientos y experiencias entre adultos mayores y personas más jóvenes en la comunidad.

La adecuación del entorno físico y social es fundamental para garantizar el bienestar y la calidad de vida de los adultos mayores durante la tercera edad.

Al adaptar el entorno físico del hogar y de la comunidad para satisfacer las necesidades específicas de los envejecientes, y al promover una cultura y un clima social que valoren y apoyen a las personas mayores, podemos ayudar a crear un entorno que permita a los adultos mayores envejecer de manera saludable, activa y satisfactoria.

Capítulo 3:
Cómo mejorar el bienestar en la vejez de las personas

Les proporcionamos estrategias y recomendaciones prácticas para promover un envejecimiento saludable, activo y satisfactorio. Este capítulo aborda diversos aspectos que pueden influir en el bienestar de los adultos mayores, incluyendo la salud física y mental, las relaciones sociales, la seguridad financiera y la calidad del entorno físico y social.

En primer lugar, se destacan las estrategias para promover la salud física en la tercera edad. Esto incluye la importancia de mantener un estilo de vida activo y saludable, que incorpore ejercicio regular, una dieta balanceada y cuidados médicos preventivos.

Se ofrecen recomendaciones prácticas para mantener la salud física, como participar en actividades físicas adaptadas a las necesidades individuales, seguir una dieta nutritiva y equilibrada, y realizar chequeos médicos regulares para detectar y tratar problemas de salud de manera temprana.

Además, se abordan estrategias para promover la salud mental y emocional en la tercera edad.

Esto incluye la importancia de mantener conexiones sociales significativas, buscar apoyo emocional cuando sea necesario y practicar técnicas de autocuidado para manejar el estrés y la ansiedad.

Se ofrecen recomendaciones para mantener la salud mental, como participar en actividades sociales y recreativas, buscar ayuda profesional cuando sea necesario y practicar técnicas de relajación y mindfulness para reducir el estrés y mejorar el bienestar emocional.

El capítulo también aborda la importancia de mantener relaciones sociales significativas en la tercera edad. Esto incluye la importancia de mantener relaciones familiares sólidas, cultivar amistades cercanas y participar en actividades comunitarias y sociales.

Se ofrecen recomendaciones para mejorar las relaciones sociales, como participar en grupos de apoyo y actividades recreativas, mantenerse en contacto con amigos y familiares, y buscar oportunidades para conocer gente nueva y ampliar la red social.

Además, se discuten estrategias para garantizar la seguridad financiera en la tercera edad. Esto incluye la importancia de planificar y prepararse para la jubilación, proteger los activos y los ingresos actuales, y planificar para el cuidado a largo plazo y las emergencias financieras.

Se ofrecen recomendaciones para mejorar la seguridad financiera, como establecer un presupuesto y un plan de ahorro, diversificar las fuentes de ingresos, y buscar asesoramiento financiero profesional cuando sea necesario.

Por último, se abordan estrategias para mejorar el entorno físico y social en la tercera edad. Esto incluye la importancia de adaptar el entorno físico del hogar y la comunidad para satisfacer las necesidades de los adultos mayores, así como promover una cultura y un clima social que valoren y apoyen a las personas mayores.

Se ofrecen recomendaciones para mejorar el entorno físico y social, como hacer modificaciones en el hogar para facilitar el acceso y la movilidad, promover programas y servicios para adultos mayores en la comunidad, y fomentar relaciones intergeneracionales que promuevan la conexión y el apoyo mutuo.

En conclusión, este capítulo 3 proporciona una guía integral para mejorar el bienestar en la vejez de las personas, abordando aspectos clave como la salud física y mental, las relaciones sociales, la seguridad financiera y la calidad del entorno físico y social.

Al adoptar estrategias prácticas para promover un envejecimiento saludable, activo y satisfactorio, podemos ayudar a los adultos mayores a disfrutar de una vida plena y significativa durante la tercera edad.

Guía integral para mejorar el bienestar en la vejez de las personas, abordando aspectos clave como la salud física y mental, las relaciones sociales, la seguridad financiera y la calidad del entorno físico y social.

Al adoptar estrategias prácticas para promover un envejecimiento saludable, activo y satisfactorio, podemos ayudar a los adultos mayores a disfrutar de una vida plena y significativa durante la tercera edad.

Una guía que se enfoca en abordar diferentes aspectos que influyen en la calidad de vida de los adultos mayores. Estos aspectos incluyen la salud física y mental, las relaciones sociales, la seguridad financiera y la calidad del entorno físico y social.

En primer lugar, la salud física y mental es fundamental para el bienestar en la vejez. Promover un estilo de vida activo y saludable, que incluya ejercicio regular, una dieta equilibrada y cuidados médicos preventivos, es esencial para mantener la salud física y prevenir enfermedades.

Además, es importante cuidar la salud mental mediante la participación en actividades que fomenten el bienestar emocional y la conexión con otros.

Las relaciones sociales también juegan un papel crucial en el bienestar en la vejez. Mantener conexiones significativas con amigos, familiares y la comunidad en general ayuda a prevenir el aislamiento social y promueve un sentido de pertenencia y apoyo emocional.

Participar en actividades sociales y recreativas, así como buscar oportunidades para conocer gente nueva, son formas efectivas de mantener y fortalecer las relaciones sociales.

La seguridad financiera es otro aspecto importante a considerar en la vejez. Planificar y prepararse para la jubilación, proteger los ingresos y activos actuales, y planificar para el cuidado a largo plazo y las emergencias financieras son medidas clave para garantizar la estabilidad económica en la tercera edad. Buscar asesoramiento financiero profesional y establecer un presupuesto y un plan de ahorro son pasos importantes en este proceso.

Además, la calidad del entorno físico y social juega un papel importante en el bienestar en la vejez. Adaptar el entorno físico del hogar y la comunidad para satisfacer las necesidades de los adultos mayores, así como promover una cultura y un clima social que valoren y apoyen a las personas mayores, son elementos fundamentales para crear un entorno favorable para el envejecimiento saludable.

Hacer modificaciones en el hogar para facilitar el acceso y la movilidad, promover programas y servicios para adultos mayores en la comunidad, y fomentar relaciones intergeneracionales son formas efectivas de mejorar la calidad del entorno físico y social.

Por demás, adoptar estrategias prácticas para promover un envejecimiento saludable, activo y satisfactorio implica abordar diferentes aspectos que influyen en el bienestar en la vejez, como la salud física y mental, las relaciones sociales, la seguridad financiera y la calidad del entorno físico y social.

Al hacerlo, podemos ayudar a los adultos mayores a disfrutar de una vida plena y significativa durante la tercera edad, manteniendo su independencia, dignidad y calidad de vida.

Importancia de mantener conexiones sociales significativas, buscar apoyo emocional cuando sea necesario y practicar técnicas de autocuidado para manejar el estrés y la ansiedad.

Se ofrecen recomendaciones para mantener la salud mental, como participar en actividades sociales y recreativas, buscar ayuda profesional cuando sea necesario y practicar técnicas de relajación y mindfulness para reducir el estrés y mejorar el bienestar emocional.

La importancia de mantener conexiones sociales significativas radica en el impacto positivo que tienen en la salud mental y emocional de las personas mayores.

Las relaciones sociales brindan apoyo emocional, compañía y un sentido de pertenencia, aspectos fundamentales para el bienestar psicológico en la tercera edad.

Mantener vínculos cercanos con amigos, familiares y la comunidad en general ayuda a prevenir la soledad y el aislamiento social, factores que pueden contribuir a problemas de salud mental como la depresión y la ansiedad.

Buscar apoyo emocional cuando sea necesario es una parte importante del autocuidado en la vejez. Reconocer y expresar las emociones de manera saludable, así como buscar ayuda cuando se enfrenta con desafíos emocionales, puede ayudar a reducir el estrés y mejorar la salud mental.

Compartir preocupaciones y sentimientos con amigos cercanos o profesionales de la salud mental puede proporcionar perspectivas y recursos para manejar mejor las dificultades emocionales.

Además, practicar técnicas de autocuidado para manejar el estrés y la ansiedad es fundamental para mantener el bienestar emocional en la tercera edad.

Esto puede incluir actividades como la meditación, la respiración profunda, el ejercicio regular, el tiempo al aire libre y el cuidado personal. Estas prácticas ayudan a reducir la activación del sistema nervioso simpático, responsable de la respuesta al estrés, y promueven la activación del sistema nervioso parasimpático, que induce la relajación y el equilibrio emocional.

Se ofrecen recomendaciones específicas para mantener la salud mental y emocional en la tercera edad.

Participar en actividades sociales y recreativas que sean gratificantes y estimulantes, como clases de arte, música o baile, puede proporcionar un sentido de alegría y conexión con los demás. Buscar ayuda profesional cuando sea necesario, como terapia individual o grupal, puede ser beneficioso para abordar problemas de salud mental más complejos o persistentes.

Además, practicar técnicas de relajación y mindfulness, como la meditación guiada o la atención plena, puede ayudar a reducir el estrés y mejorar el bienestar emocional en la tercera edad.

Estas prácticas fomentan la atención plena y la aceptación de las experiencias presentes, lo que puede ayudar a reducir la rumiación y la preocupación excesiva, así como a mejorar la capacidad para manejar el estrés de manera efectiva.

En resumen, mantener conexiones sociales significativas, buscar apoyo emocional cuando sea necesario y practicar técnicas de autocuidado para manejar el estrés y la ansiedad son aspectos fundamentales para mantener la salud mental y emocional en la tercera edad.

Al participar en actividades sociales y recreativas, buscar ayuda profesional cuando sea necesario y practicar técnicas de relajación y mindfulness, podemos ayudar a los adultos mayores a mantener un estado de bienestar emocional y disfrutar de una vida plena y satisfactoria durante la tercera edad.

Mejorar las relaciones sociales, como participar en grupos de apoyo y actividades recreativas, mantenerse en contacto con amigos y familiares, y buscar oportunidades para conocer gente nueva y ampliar la red social.

La importancia de mantener relaciones familiares sólidas, cultivar amistades cercanas y participar en actividades comunitarias y sociales radica en el impacto positivo que tienen en la salud y el bienestar de las personas mayores.

Las relaciones sociales proporcionan un sentido de pertenencia, apoyo emocional y una red de seguridad que son fundamentales para mantener una buena calidad de vida en la tercera edad.

Las relaciones familiares sólidas son una fuente invaluable de apoyo emocional y afecto para las personas mayores. Mantener vínculos cercanos con hijos, nietos y otros familiares brinda un sentido de conexión y pertenencia que puede proporcionar consuelo y apoyo en momentos de dificultad.

Además, las relaciones familiares sólidas pueden ofrecer oportunidades para compartir experiencias, tradiciones y valores familiares, lo que fortalece los lazos familiares y promueve un sentido de identidad y pertenencia.

Cultivar amistades cercanas también es importante para el bienestar social y emocional en la tercera edad. Las amistades ofrecen compañía, diversión y apoyo mutuo, lo que puede ayudar a prevenir el aislamiento social y promover un sentido de alegría y satisfacción en la vida diaria.

Mantener conexiones con amigos de toda la vida o hacer nuevos amigos en la tercera edad proporciona oportunidades para compartir intereses, actividades y experiencias, lo que enriquece la vida social y emocional de las personas mayores.

Participar en actividades comunitarias y sociales es otra forma efectiva de promover relaciones sociales significativas en la tercera edad. Las actividades comunitarias ofrecen oportunidades para interactuar con otros, contribuir al bienestar de la comunidad y participar en actividades que sean gratificantes y significativas. Ya sea participando en grupos de voluntariado, asistiendo a eventos locales o participando en actividades recreativas, las personas mayores pueden encontrar oportunidades para conectarse con otros y contribuir al tejido social de la comunidad.

Se ofrecen recomendaciones específicas para mejorar las relaciones sociales en la tercera edad. Participar en grupos de apoyo y actividades recreativas puede proporcionar un entorno de apoyo y camaradería donde las personas mayores pueden compartir experiencias y preocupaciones comunes.

Mantenerse en contacto regular con amigos y familiares a través de llamadas telefónicas, videollamadas o visitas personales puede ayudar a mantener conexiones sociales significativas y fortalecer los lazos familiares y amistosos.

Además, buscar oportunidades para conocer gente nueva y ampliar la red social es importante para promover relaciones sociales en la tercera edad. Participar en clases, clubes o grupos de interés puede ofrecer oportunidades para conocer personas con intereses similares y establecer nuevas amistades.

Asistir a eventos sociales locales o participar en programas de intercambio intergeneracional también puede proporcionar oportunidades para ampliar la red social y conectar con personas de diferentes edades y antecedentes.

Mantener relaciones familiares sólidas, cultivar amistades cercanas y participar en actividades comunitarias y sociales son aspectos fundamentales para promover el bienestar social y emocional en la tercera edad.

Al participar en actividades sociales y recreativas, mantenerse en contacto con amigos y familiares, y buscar oportunidades para conocer gente nueva, podemos ayudar a los adultos mayores a mantener una red de apoyo social sólida y disfrutar de una vida plena y satisfactoria durante la tercera edad.

Es importante mantener un estilo de vida activo y saludable, que incorpore ejercicio regular, una dieta balanceada y cuidados médicos preventivos.

Se ofrecen recomendaciones prácticas para mantener la salud física, como participar en actividades físicas adaptadas a las necesidades individuales, seguir una dieta nutritiva y equilibrada, y realizar chequeos médicos regulares para detectar y tratar problemas de salud de manera temprana.

Importancia de mantener un estilo de vida activo y saludable

La importancia de mantener un estilo de vida activa y saludable radica en el impacto positivo que tiene en la salud física y el bienestar general de las personas, especialmente en la tercera edad.

Un estilo de vida activo y saludable, que incluya ejercicio regular, una dieta balanceada y cuidados médicos preventivos, es fundamental para mantener la funcionalidad física, prevenir enfermedades y promover un envejecimiento saludable y activo.

El ejercicio regular es una parte esencial de un estilo de vida activo y saludable en la tercera edad. La actividad física regular ayuda a mantener la fuerza muscular, la flexibilidad y la resistencia, lo que puede mejorar la movilidad, reducir el riesgo de caídas y lesiones, y promover la independencia funcional en la vida diaria.

Se han demostrado los beneficios del ejercicio para la salud cardiovascular, ósea y mental en personas mayores, lo que hace que sea una parte crucial de un estilo de vida saludable en la tercera edad.

Una dieta balanceada y nutritiva es otra parte importante de un estilo de vida saludable en la tercera edad.

Consumir una variedad de alimentos de todos los grupos alimenticios, incluyendo frutas, verduras, granos enteros, proteínas magras y grasas saludables, proporciona los nutrientes necesarios para mantener la salud y prevenir enfermedades crónicas.

Una dieta equilibrada puede ayudar a controlar el peso, mantener niveles saludables de azúcar en la sangre y reducir el riesgo de enfermedades como la diabetes, la hipertensión y las enfermedades cardíacas.

Los cuidados médicos preventivos también son fundamentales para mantener la salud física en la tercera edad.

Realizar chequeos médicos regulares y seguir las recomendaciones de los profesionales de la salud puede ayudar a detectar y tratar problemas de salud de manera temprana, antes de que se conviertan en condiciones más graves o crónicas.

Esto puede incluir exámenes de salud preventivos, vacunas, pruebas de detección de enfermedades y seguimiento de condiciones crónicas existentes.

Te recomendamos algunas prácticas para mantener la salud física en la tercera edad.

Esto incluye participar en actividades físicas adaptadas a las necesidades individuales y preferencias personales, como caminar, nadar, yoga o tai chi. Es importante elegir actividades que sean seguras y apropiadas para el nivel de condición física y la salud de cada persona.

Además, seguir una dieta nutritiva y equilibrada que incluya una variedad de alimentos frescos y saludables puede ayudar a mantener la salud y prevenir enfermedades en la tercera edad.

Por último, realizar chequeos médicos regulares y seguir las recomendaciones de los profesionales de la salud puede ayudar a detectar y tratar problemas de salud de manera temprana, lo que contribuye a mantener la salud y el bienestar físico a lo largo del tiempo.

En general, mantener un estilo de vida activa y saludable, que incluya ejercicio regular, una dieta balanceada y cuidados médicos preventivos, es fundamental para mantener la salud física y promover un envejecimiento saludable y activo en la tercera edad.

Al participar en actividades físicas adaptadas a las necesidades individuales, seguir una dieta nutritiva y equilibrada, y realizar chequeos médicos regulares, podemos ayudar a los adultos mayores a mantener la salud y el bienestar físico a lo largo de la vida.

Programas de ejercicio y actividad física

Existen una variedad de programas de ejercicio y actividad física diseñados específicamente para adultos mayores, con el objetivo de promover la salud, la funcionalidad y el bienestar en la tercera edad.

Estos programas están diseñados teniendo en cuenta las necesidades y limitaciones comunes de las personas mayores, y suelen ofrecer una combinación de ejercicios de fuerza, flexibilidad, equilibrio y aeróbicos. A continuación, se describen algunos ejemplos de programas de ejercicio y actividad física para adultos mayores:

Programas de ejercicio en grupo: Estos programas suelen ofrecer clases de ejercicio dirigidas por instructores capacitados en centros comunitarios, gimnasios o instalaciones para personas mayores. Las clases pueden incluir actividades como aeróbicos de bajo impacto, entrenamiento de fuerza con pesas ligeras, ejercicios de equilibrio y flexibilidad, y técnicas de relajación y estiramiento.

Estas clases proporcionan un entorno social y de apoyo donde los adultos mayores pueden participar en ejercicio de manera segura y efectiva.

Programas de ejercicios acuáticos: Los programas de ejercicios acuáticos, como la natación, el aquaeróbic o la hidroterapia, son especialmente beneficiosos para adultos mayores debido a la baja carga en las articulaciones y la resistencia del agua, lo que reduce el riesgo de lesiones.

Estos programas ofrecen una forma segura y efectiva de mejorar la fuerza muscular, la flexibilidad y el equilibrio, mientras se disfruta de los beneficios del agua para la relajación y el bienestar.

Programas de caminatas o senderismo: Las caminatas grupales o los programas de senderismo son una excelente manera de promover la actividad física al aire libre y fomentar la socialización entre adultos mayores.

Estos programas pueden incluir caminatas guiadas en parques locales, senderos naturales o áreas recreativas, y ofrecer una oportunidad para disfrutar de la naturaleza mientras se participa en ejercicio cardiovascular y se fortalecen los músculos de las piernas.

Programas de yoga o tai chi: El yoga y el tai chi son prácticas tradicionales que combinan movimiento suave, respiración controlada y técnicas de relajación para mejorar la flexibilidad, el equilibrio, la fuerza muscular y la calma mental.

Los programas de yoga y tai chi adaptados para adultos mayores suelen enfocarse en movimientos suaves y modificaciones para personas con limitaciones físicas, y ofrecen beneficios tanto físicos como mentales.

Programas de ejercicio en el hogar: Para aquellos adultos mayores que prefieren hacer ejercicio en casa, existen programas de ejercicios en video o en línea diseñados específicamente para personas mayores. Estos programas suelen incluir una variedad de rutinas de ejercicio que pueden realizarse con poco o ningún equipo, y ofrecen la conveniencia de hacer ejercicio en la comodidad del hogar.

En resumen, los programas de ejercicio y actividad física para adultos mayores ofrecen una variedad de opciones para promover la salud, la funcionalidad y el bienestar en la tercera edad.

Ya sea participando en clases grupales dirigidas por instructores, practicando ejercicios acuáticos, caminando al aire libre, practicando yoga o tai chi, o haciendo ejercicio en casa, los adultos mayores pueden encontrar programas que se adapten a sus necesidades y preferencias individuales, y les ayuden a mantenerse activos y saludables a lo largo de la vida.

Programas de ejercicio en grupo: Estos programas suelen ofrecer clases de ejercicio dirigidas por instructores capacitados en centros comunitarios, gimnasios o instalaciones para personas mayores. Las clases pueden incluir actividades como aeróbicos de bajo impacto, entrenamiento de fuerza con pesas ligeras, ejercicios de equilibrio y flexibilidad, y técnicas de relajación y estiramiento.

Estas clases proporcionan un entorno social y de apoyo donde los adultos mayores pueden participar en ejercicio de manera segura y efectiva.

Los programas de ejercicio en grupo son una excelente opción para adultos mayores que desean mantenerse activos y saludables en un entorno socialmente estimulante. Estos programas suelen ofrecer clases dirigidas por instructores capacitados en diversos lugares, como centros comunitarios, gimnasios o instalaciones específicamente diseñadas para personas mayores.

En estas clases, se pueden realizar una variedad de actividades diseñadas para mejorar la salud y la condición física de los participantes. Esto puede incluir ejercicios aeróbicos de bajo impacto, como caminar, bailar o hacer movimientos simples al ritmo de la música, que ayudan a mejorar la resistencia cardiovascular y la quema de calorías sin ejercer demasiada presión sobre las articulaciones.

Además, los programas de ejercicio en grupo suelen incluir entrenamiento de fuerza utilizando pesas ligeras, bandas de resistencia u otros equipos simples. Estos ejercicios ayudan a fortalecer los músculos y los huesos, mejorar la postura y prevenir la pérdida de masa muscular asociada con el envejecimiento.

Los ejercicios de equilibrio y flexibilidad también son componentes importantes de estos programas. Estos ejercicios ayudan a mejorar la estabilidad, reducir el riesgo de caídas y mantener la movilidad en las articulaciones. Además, se pueden incluir técnicas de relajación y estiramiento al final de la clase para promover la relajación muscular y reducir la tensión.

Una de las principales ventajas de los programas de ejercicio en grupo es el entorno social y de apoyo que proporcionan. Participar en clases con otras personas de ideas afines brinda la oportunidad de establecer nuevas amistades, compartir experiencias y motivarse mutuamente para alcanzar metas de fitness.

Esto puede ser especialmente importante para adultos mayores que pueden sentirse aislados o solitarios y deseen conectarse con otros mientras se cuidan su salud.

Además, el aspecto dirigido por un instructor capacitado garantiza que los participantes realicen los ejercicios de manera segura y efectiva, con atención a las necesidades individuales y posibles limitaciones físicas.

Esto proporciona una sensación de confianza y seguridad, lo que permite a los adultos mayores participar en el ejercicio con tranquilidad y disfrutar de los beneficios para la salud.

En resumen, los programas de ejercicio en grupo ofrecen una variedad de actividades físicas dirigidas por instructores capacitados en un entorno social y de apoyo.

Estas clases proporcionan una forma segura y efectiva para que los adultos mayores mejoren su salud cardiovascular, fortalezcan sus músculos, mejoren su equilibrio y flexibilidad, y disfruten de la compañía de otros mientras se cuidan su salud y bienestar físico.

Programas de ejercicios acuáticos

Los programas de ejercicios acuáticos, como la natación, el aquaeróbic o la hidroterapia, son especialmente beneficiosos para adultos mayores debido a la baja carga en las articulaciones y la resistencia del agua, lo que reduce el riesgo de lesiones.

Estos programas ofrecen una forma segura y efectiva de mejorar la fuerza muscular, la flexibilidad y el equilibrio, mientras se disfruta de los beneficios del agua para la relajación y el bienestar.

Los programas de ejercicios acuáticos son una opción popular y altamente beneficiosa para adultos mayores que desean mantenerse activos y saludables. Estos programas aprovechan las propiedades únicas del agua, como su resistencia y soporte, para proporcionar un entorno de ejercicio seguro y efectivo.

Una de las principales ventajas de los programas de ejercicios acuáticos para adultos mayores es la baja carga en las articulaciones que ofrece el agua.

La flotabilidad del agua reduce significativamente el impacto en las articulaciones durante el ejercicio, lo que disminuye el riesgo de lesiones y el dolor asociado con actividades terrestres de alta intensidad.

Esto hace que los programas acuáticos sean especialmente adecuados para personas mayores que puedan tener problemas articulares o condiciones como la artritis.

Además, la resistencia del agua proporciona un nivel de resistencia suave pero efectivo para los músculos, lo que ayuda a mejorar la fuerza muscular sin poner demasiada tensión en las articulaciones.

Los programas de ejercicios acuáticos suelen incluir una variedad de movimientos y ejercicios diseñados para trabajar diferentes grupos musculares, incluyendo ejercicios de brazos, piernas, abdominales y espalda.

La flexibilidad es otra área que se beneficia de los programas de ejercicios acuáticos. El agua permite una mayor amplitud de movimiento en las articulaciones, lo que facilita los estiramientos y ejercicios de flexibilidad.

Esto puede ser especialmente beneficioso para adultos mayores que desean mejorar su flexibilidad y rango de movimiento, lo que puede ayudar a prevenir lesiones y mejorar la movilidad en la vida diaria.

Además de los beneficios físicos, los programas de ejercicios acuáticos también ofrecen beneficios para el bienestar emocional y mental.

El agua tiene un efecto calmante y relajante, lo que puede ayudar a reducir el estrés y la ansiedad mientras se disfruta del ejercicio. Muchas personas encuentran que el ambiente tranquilo y sereno del agua les permite concentrarse en su respiración y en el movimiento de su cuerpo, lo que les ayuda a desconectar de las preocupaciones diarias y a sentirse renovados y revitalizados.

En resumen, los programas de ejercicios acuáticos son una forma segura, efectiva y agradable para que los adultos mayores mejoren su salud y bienestar físico. Al aprovechar las propiedades únicas del agua, como su baja carga en las articulaciones y su resistencia suave, estos programas ofrecen una forma de ejercicio que es fácil para las articulaciones, fortalecedora para los músculos y relajante para la mente.

Programas de caminatas o senderismo: Las caminatas grupales o los programas de senderismo son una excelente manera de promover la actividad física al aire libre y fomentar la socialización entre adultos mayores.

Estos programas pueden incluir caminatas guiadas en parques locales, senderos naturales o áreas recreativas, y ofrecer una oportunidad para disfrutar de la naturaleza mientras se participa en ejercicio cardiovascular y se fortalecen los músculos de las piernas.

Los programas de caminatas o senderismo son una opción fantástica para adultos mayores que desean mantenerse activos, disfrutar del aire libre y socializar al mismo tiempo. Estos programas ofrecen una oportunidad única para promover la actividad física en entornos naturales mientras se fomenta la conexión social entre los participantes.

Una de las principales ventajas de los programas de caminatas o senderismo es que proporcionan una forma accesible y de bajo impacto para realizar ejercicio cardiovascular.

Caminar es una actividad que puede adaptarse fácilmente a diferentes niveles de condición física, lo que la hace ideal para adultos mayores que pueden tener limitaciones en términos de movilidad o resistencia. Además, caminar ayuda a fortalecer los músculos de las piernas y a mejorar la salud cardiovascular, lo que puede tener beneficios significativos para la salud en general.

Los programas de caminatas o senderismo suelen incluir caminatas guiadas en parques locales, senderos naturales o áreas recreativas. Estas caminatas pueden ser de diferentes niveles de dificultad, desde rutas cortas y fáciles hasta senderos más desafiantes y escarpados, lo que permite a los participantes elegir la opción que mejor se adapte a sus necesidades y preferencias individuales.

Las caminatas guiadas también ofrecen una oportunidad para aprender sobre la flora y fauna locales, así como para disfrutar de la belleza natural del entorno.

Además del aspecto físico, los programas de caminatas o senderismo también ofrecen beneficios sociales y emocionales. Participar en caminatas grupales brinda la oportunidad de socializar y conectarse con otros adultos mayores que comparten intereses similares en la actividad física y la naturaleza.

Estas caminatas pueden convertirse en una experiencia social agradable donde los participantes pueden conversar, compartir historias y disfrutar de la compañía mutua mientras explora nuevos lugares al aire libre.

Otro aspecto positivo de los programas de caminatas o senderismo es su accesibilidad. No se requiere ningún equipo especializado, y las caminatas pueden realizarse en una variedad de entornos naturales, desde parques locales hasta senderos en la montaña.

Esto hace que sea una actividad económica y fácil de incorporar a la rutina diaria, lo que la convierte en una opción viable para adultos mayores que desean mantenerse activos y saludables sin incurrir en costos adicionales o barreras logísticas.

En resumen, los programas de caminatas o senderismo son una excelente manera de promover la actividad física al aire libre y fomentar la socialización entre adultos mayores.

Estas caminatas ofrecen una oportunidad para disfrutar de la naturaleza mientras se participa en ejercicio cardiovascular y se fortalecen los músculos de las piernas, al tiempo que proporcionan una experiencia socialmente enriquecedora y gratificante para los participantes.

Programas de yoga o tai chi: El yoga y el tai chi son prácticas tradicionales que combinan movimiento suave, respiración controlada y técnicas de relajación para mejorar la flexibilidad, el equilibrio, la fuerza muscular y la calma mental.

Los programas de yoga y tai chi adaptados para adultos mayores suelen enfocarse en movimientos suaves y modificaciones para personas con limitaciones físicas, y ofrecen beneficios tanto físicos como mentales.

Los programas de yoga y tai chi son opciones altamente beneficiosas y populares para adultos mayores que desean mejorar su salud física y mental. Estas prácticas tradicionales ofrecen una combinación única de movimientos suaves, respiración controlada y técnicas de relajación que tienen un impacto positivo en diversos aspectos de la salud y el bienestar.

El yoga y el tai chi se centran en mejorar la flexibilidad, el equilibrio y la fuerza muscular a través de movimientos fluidos y controlados. Estas prácticas ayudan a mantener la movilidad en las articulaciones, lo que es especialmente importante para adultos mayores que pueden experimentar rigidez o pérdida de flexibilidad debido al envejecimiento.

Los movimientos suaves y gradualmente progresivos del yoga y el tai chi permiten que los participantes mejoren su rango de movimiento de manera segura y efectiva.

Además, el yoga y el tai chi son beneficiosos para mejorar el equilibrio y la coordinación, lo que puede ayudar a prevenir caídas y lesiones en adultos mayores. Estas prácticas incluyen una variedad de posturas y movimientos que desafían y fortalecen los músculos estabilizadores, mejorando así la estabilidad y la seguridad al realizar actividades diarias.

Uno de los aspectos más destacados de los programas de yoga y tai chi es su capacidad para promover la calma mental y reducir el estrés. A través de técnicas de respiración profunda y meditación, estas prácticas ayudan a los participantes a relajarse y a encontrar un estado de calma y serenidad mental. Esto puede ser especialmente beneficioso para adultos mayores que puedan experimentar ansiedad, estrés o preocupaciones relacionadas con el envejecimiento y la salud.

Los programas de yoga y tai chi adaptados para adultos mayores suelen incluir modificaciones y ajustes para personas con limitaciones físicas o movilidad reducida. Los instructores capacitados pueden proporcionar opciones alternativas o usar equipo de apoyo, como sillas o bloques de yoga, para permitir que todos los participantes se beneficien de la práctica de manera segura y efectiva.

En resumen, los programas de yoga y tai chi ofrecen una combinación única de ejercicio físico suave, técnicas de respiración y meditación que proporcionan una variedad de beneficios para adultos mayores.

Estas prácticas pueden mejorar la flexibilidad, el equilibrio y la fuerza muscular, al tiempo que promueven la calma mental y la relajación. Con ajustes y modificaciones apropiadas, el yoga y el tai chi pueden ser actividades seguras y beneficiosas para adultos mayores de todos los niveles de condición física y habilidad.

Programas de ejercicio en el hogar: Para aquellos adultos mayores que prefieren hacer ejercicio en casa, existen programas de ejercicios en video o en línea diseñados específicamente para personas mayores. Estos programas suelen incluir una variedad de rutinas de ejercicio que pueden realizarse con poco o ningún equipo, y ofrecen la conveniencia de hacer ejercicio en la comodidad del hogar.

Los programas de ejercicio en el hogar son una excelente opción para adultos mayores que prefieren la comodidad y la privacidad de hacer ejercicio en su propio espacio. Estos programas están diseñados específicamente para personas mayores y ofrecen una variedad de rutinas de ejercicio que pueden adaptarse a diferentes niveles de condición física y movilidad.

Una de las principales ventajas de los programas de ejercicio en el hogar es la conveniencia que ofrecen. Los adultos mayores pueden realizar estas rutinas de ejercicio en la comodidad de su hogar, sin la necesidad de desplazarse a un gimnasio o centro de fitness.

Esto elimina barreras como el transporte, el clima o las limitaciones de horario, lo que facilita la incorporación regular del ejercicio en la rutina diaria.

Los programas de ejercicio en el hogar suelen estar disponibles en forma de videos o clases en línea, lo que permite a los participantes seguir las rutinas de ejercicio en su propio tiempo y ritmo. Estos videos suelen estar dirigidos por instructores capacitados que guían a los espectadores a través de una serie de ejercicios diseñados para mejorar la fuerza, la flexibilidad, el equilibrio y la resistencia.

Además, los programas de ejercicio en el hogar suelen requerir poco o ningún equipo especializado. Las rutinas de ejercicio pueden realizarse con el peso corporal o con equipos básicos como bandas de resistencia, pesas ligeras o una esterilla de yoga. Esto hace que sea fácil y accesible para los adultos mayores realizar ejercicio sin la necesidad de invertir en equipos costosos o complicados.

Los programas de ejercicio en el hogar también ofrecen la flexibilidad de adaptar las rutinas a las necesidades individuales y preferencias personales. Los participantes pueden elegir entre una variedad de ejercicios y niveles de intensidad para crear una rutina que se adapte a su nivel de condición física y sus objetivos de salud.

En resumen, los programas de ejercicio en el hogar son una excelente opción para adultos mayores que desean mantenerse activos y saludables en la comodidad de su propio espacio. Estos programas ofrecen conveniencia, accesibilidad y flexibilidad, y pueden ayudar a los adultos mayores a mejorar su fuerza, flexibilidad, equilibrio y resistencia sin la necesidad de desplazarse a un gimnasio o centro de fitness.

Gestión del estrés y cuidado emocional en esta etapa de la vida

La gestión del estrés y el cuidado emocional son aspectos fundamentales para el bienestar integral durante la tercera edad. A medida que las personas envejecen, pueden enfrentarse a una serie de cambios y desafíos, como la pérdida de seres queridos, problemas de salud crónicos, cambios en la independencia y la capacidad física, entre otros. Estos factores pueden generar estrés y afectar la salud emocional de los adultos mayores.

Una estrategia importante para gestionar el estrés en esta etapa de la vida es el desarrollo de técnicas de afrontamiento efectivas. Esto puede incluir prácticas como la respiración profunda, la meditación, el yoga, el tai chi, o simplemente dedicar tiempo a actividades placenteras como leer, escuchar música o pintar.

Estas actividades pueden ayudar a reducir los niveles de cortisol, la hormona del estrés, y promover la relajación física y mental.

Además, el apoyo social juega un papel crucial en la gestión del estrés y el cuidado emocional durante la tercera edad. Mantener conexiones significativas con amigos, familiares y la comunidad puede proporcionar un sistema de apoyo vital en momentos de dificultad.

La participación en actividades sociales, grupos de apoyo o programas comunitarios puede brindar un sentido de pertenencia, compañerismo y solidaridad que ayuda a combatir la soledad y el aislamiento, factores que pueden contribuir al estrés y la depresión en los adultos mayores.

Es importante también fomentar la expresión emocional y el autocuidado. Los adultos mayores deben sentirse cómodos compartiendo sus sentimientos con otros y buscando ayuda cuando sea necesario, ya sea a través de amigos, familiares o profesionales de la salud mental.

La terapia psicológica individual o grupal puede ser especialmente beneficiosa para abordar preocupaciones emocionales y aprender nuevas habilidades de afrontamiento.

El mantenimiento de un estilo de vida saludable también es fundamental para el cuidado emocional en la tercera edad. Una dieta equilibrada, ejercicio regular, sueño adecuado y evitar el consumo excesivo de alcohol y tabaco son aspectos clave para promover la salud física y mental.

La práctica regular de actividad física, en particular, ha demostrado ser eficaz para reducir los síntomas de ansiedad y depresión, mejorar el estado de ánimo y aumentar la sensación de bienestar general.

En conclusión, la gestión del estrés y el cuidado emocional son aspectos esenciales del bienestar en la tercera edad.

Mediante la adopción de estrategias efectivas de afrontamiento, el fortalecimiento de las conexiones sociales, la expresión emocional y el autocuidado, y el mantenimiento de un estilo de vida saludable, los adultos mayores pueden enfrentar los desafíos emocionales de esta etapa de la vida con resiliencia y optimismo.

Capítulo 4:
Cuidado de la Salud Preventiva en la Vejez

Este tema es de vital importancia, ya que aborda cómo los adultos mayores pueden mantener y mejorar su salud a través de la prevención de enfermedades y la promoción de hábitos saludables.

El cuidado de la salud preventiva se refiere a las medidas y prácticas que los adultos mayores pueden tomar para prevenir enfermedades, identificar problemas de salud en etapas tempranas y mantener un estilo de vida saludable.

Esto incluye una variedad de acciones, como realizar chequeos médicos regulares, vacunarse según las recomendaciones, mantener una dieta balanceada, hacer ejercicio regularmente, evitar el tabaco y el consumo excesivo de alcohol, y manejar el estrés de manera efectiva.

Una parte fundamental del cuidado de la salud preventiva en la vejez es la realización de chequeos médicos regulares. Estas visitas permiten a los adultos mayores monitorear su salud y detectar cualquier problema de salud potencial en etapas tempranas, cuando son más tratables. Los chequeos médicos regulares pueden incluir exámenes físicos, pruebas de laboratorio, evaluaciones de la presión arterial, la glucosa en sangre y el colesterol, así como discusiones sobre la salud mental y emocional.

Además, las vacunas son una parte importante del cuidado de la salud preventiva en la vejez. Las vacunas pueden ayudar a prevenir enfermedades graves, como la gripe, la neumonía, la culebrilla y el herpes zóster, que pueden tener consecuencias graves para la salud en los adultos mayores. Es importante que los adultos mayores se mantengan al día con las vacunas recomendadas por su médico o profesional de la salud.

La promoción de hábitos de vida saludables también es clave para el cuidado de la salud preventiva en la vejez. Esto incluye seguir una dieta balanceada rica en frutas, verduras, granos enteros y proteínas magras, así como limitar la ingesta de alimentos procesados, grasas saturadas y azúcares añadidos.

El ejercicio regular, como caminar, nadar, practicar yoga o tai chi, es fundamental para mantener la salud cardiovascular, fortalecer los músculos y huesos, y mejorar el equilibrio y la flexibilidad.

Evitar el tabaco y el consumo excesivo de alcohol también son aspectos importantes del cuidado de la salud preventiva en la vejez. El tabaquismo y el consumo excesivo de alcohol pueden aumentar el riesgo de enfermedades crónicas como enfermedades cardíacas, accidentes cerebrovasculares, cáncer y trastornos hepáticos, entre otros. Por lo tanto, es importante que los adultos mayores eviten fumar y limiten su consumo de alcohol a cantidades moderadas, si es que lo hacen.

Así que, el cuidado de la salud preventiva en la vejez es fundamental para mantener la salud y el bienestar a medida que las personas envejecen.

Al tomar medidas proactivas para prevenir enfermedades, identificar problemas de salud en etapas tempranas y promover hábitos de vida saludables, los adultos mayores pueden disfrutar de una vida más larga, activa y satisfactoria en la tercera edad.

Importancia de las revisiones médicas regulares y la detección temprana de enfermedades

Radica en su capacidad para prevenir, identificar y tratar problemas de salud en etapas tempranas, cuando son más tratables y tienen menos probabilidades de causar complicaciones graves.

Las revisiones médicas regulares implican visitas programadas con un médico u otro profesional de la salud para evaluar el estado de salud general de una persona y detectar cualquier problema de salud potencial.

Durante estas visitas, se pueden realizar exámenes físicos, pruebas de laboratorio, evaluaciones de la presión arterial, la glucosa en sangre, el colesterol y otros marcadores de salud, así como discusiones sobre la historia médica, los síntomas actuales y cualquier preocupación de salud.

La detección temprana de enfermedades es crucial para prevenir complicaciones graves y mejorar los resultados de salud a largo plazo. Muchas enfermedades, como el cáncer, la diabetes, las enfermedades cardíacas y la hipertensión, pueden no presentar síntomas en etapas tempranas.

Las revisiones médicas regulares pueden ayudar a identificar estos problemas de salud en etapas tempranas, cuando aún son tratables y tienen menos probabilidades de causar daño significativo.

Por ejemplo, las pruebas de detección del cáncer, como la mamografía, la colonoscopia y la prueba de Papanicolaou (Pap), pueden ayudar a detectar cánceres en etapas tempranas, cuando son más tratables y tienen una tasa de supervivencia más alta.

Del mismo modo, las pruebas de detección de la diabetes, como la medición de la glucosa en sangre en ayunas, pueden identificar la enfermedad en etapas tempranas, permitiendo un tratamiento temprano y la prevención de complicaciones a largo plazo.

Además de la detección temprana de enfermedades, las revisiones médicas regulares también pueden ayudar a prevenir enfermedades mediante la identificación de factores de riesgo y la promoción de hábitos de vida saludables.

Durante estas visitas, los profesionales de la salud pueden ofrecer consejos sobre dieta, ejercicio, control del peso, manejo del estrés y dejar de fumar, entre otros aspectos, para ayudar a reducir el riesgo de enfermedades crónicas y mejorar la salud en general.

En definitiva, las revisiones médicas regulares y la detección temprana de enfermedades son fundamentales para mantener la salud y el bienestar a lo largo de la vida.

Estas prácticas permiten la identificación temprana y el tratamiento de problemas de salud potenciales, previenen complicaciones graves y promueven hábitos de vida saludables. Al realizar revisiones médicas regulares, los adultos pueden tomar un papel activo en el cuidado de su salud y disfrutar de una vida más larga y saludable.

Vacunación y prevención de enfermedades

comunes en la vejez

La vacunación y la prevención de enfermedades comunes en la vejez son fundamentales para proteger la salud y el bienestar de los adultos mayores. A medida que las personas envejecen, el sistema inmunológico puede volverse menos eficiente, lo que aumenta el riesgo de contraer enfermedades infecciosas y complicaciones graves.

Las vacunas son una herramienta crucial en la prevención de enfermedades al estimular el sistema inmunológico para que produzca una respuesta protectora contra patógenos específicos.

Algunas de las vacunas más importantes para adultos mayores incluyen la vacuna contra la gripe, la vacuna contra la neumonía, la vacuna contra el herpes zóster y la vacuna contra la difteria y el tétanos.

La vacuna contra la gripe es especialmente importante para los adultos mayores, ya que la gripe puede causar complicaciones graves, como neumonía, hospitalización e incluso la muerte en esta población. La vacuna contra la neumonía también es vital, ya que la neumonía es una de las principales causas de hospitalización y mortalidad en adultos mayores.

Además de las vacunas específicas para adultos mayores, es importante que sigan recibiendo las vacunas de rutina recomendadas, como la vacuna contra el tétanos, la difteria y la tos ferina, la vacuna contra la hepatitis B y la vacuna contra el virus del papiloma humano (VPH), según sea necesario. Estas vacunas ayudan a prevenir enfermedades graves y sus complicaciones, protegiendo así la salud y la calidad de vida en la vejez.

La vacunación no solo protege a los adultos mayores individualmente, sino que también contribuye a la protección de la comunidad en general a través de la inmunidad colectiva. Al vacunarse, los adultos mayores ayudan a prevenir la propagación de enfermedades infecciosas a personas más vulnerables, como los niños pequeños y aquellos con sistemas inmunológicos debilitados.

La vacunación y la prevención de enfermedades comunes son esenciales para proteger la salud y el bienestar de los adultos mayores. Al recibir las vacunas recomendadas y seguir las pautas de prevención de enfermedades, los adultos mayores pueden reducir el riesgo de enfermedades graves y complicaciones, promoviendo así una vida más larga, saludable y activa en la vejez.

Promoción de estilos de vida saludables y medidas preventivas

La promoción de estilos de vida saludables y medidas preventivas es fundamental para mantener la salud y el bienestar en todas las etapas de la vida, incluida la vejez. Adoptar hábitos de vida saludables y tomar medidas preventivas puede ayudar a prevenir enfermedades crónicas, mejorar la calidad de vida y promover un envejecimiento activo y satisfactorio.

Una dieta equilibrada, rica en frutas, verduras, granos enteros y proteínas magras, y baja en grasas saturadas, azúcares añadidos y sodio, es fundamental para mantener la salud cardiovascular, controlar el peso y prevenir enfermedades crónicas como la diabetes y las enfermedades cardíacas.

El ejercicio regular es otra piedra angular de un estilo de vida saludable. La actividad física regular ayuda a fortalecer los músculos y huesos, mejorar la flexibilidad y el equilibrio, controlar el peso y reducir el riesgo de enfermedades crónicas como la obesidad, la hipertensión arterial y la osteoporosis.

El ejercicio también es beneficioso para la salud mental, ya que puede reducir el estrés, mejorar el estado de ánimo y promover un sueño reparador.

Evitar el tabaco y el consumo excesivo de alcohol son medidas importantes para prevenir enfermedades y promover la salud. El tabaquismo está relacionado con una variedad de problemas de salud graves, como enfermedades cardiovasculares, cáncer y enfermedades respiratorias, mientras que el consumo excesivo de alcohol puede aumentar el riesgo de enfermedades hepáticas, trastornos mentales y lesiones.

La gestión del estrés y la promoción del bienestar emocional son aspectos igualmente importantes de un estilo de vida saludable. El estrés crónico puede tener un impacto negativo en la salud física y mental, aumentando el riesgo de enfermedades cardiovasculares, trastornos del sueño, depresión y ansiedad.

El estrés crónico, caracterizado por una exposición prolongada a situaciones estresantes o por una respuesta continua y exagerada al estrés, puede tener consecuencias significativas para la salud física y mental.

Cuando el cuerpo está constantemente en un estado de alerta debido al estrés crónico, puede desencadenar una serie de respuestas fisiológicas y emocionales que pueden contribuir al desarrollo de diversas enfermedades y trastornos.

El estrés crónico puede afectar el sistema inmunológico

En términos de salud física, el estrés crónico está asociado con un mayor riesgo de enfermedades cardiovasculares, como hipertensión arterial, enfermedad coronaria e incluso accidente cerebrovascular. Esto se debe a que el estrés prolongado puede aumentar la presión arterial, la frecuencia cardíaca y los niveles de hormonas del estrés, lo que puede dañar el sistema cardiovascular a lo largo del tiempo.

Además, el estrés crónico puede afectar negativamente el sistema inmunológico, haciendo que el cuerpo sea más susceptible a infecciones y enfermedades. También puede contribuir al desarrollo de trastornos del sueño, como insomnio o apnea del sueño, lo que puede afectar negativamente la calidad del sueño y tener repercusiones en la salud física y mental a largo plazo.

En términos de salud mental, el estrés crónico está asociado con un mayor riesgo de desarrollar trastornos del estado de ánimo, como depresión y ansiedad.

El estrés prolongado puede desencadenar cambios en el equilibrio químico del cerebro, afectando los neurotransmisores responsables del estado de ánimo y las emociones.

Esto puede llevar a síntomas como tristeza persistente, preocupación excesiva, irritabilidad, falta de interés en actividades cotidianas y dificultad para concentrarse.

Practicar técnicas de relajación, como la meditación, el yoga y la respiración profunda, puede ayudar a reducir el estrés y promover la calma mental.

Además, es importante participar en revisiones médicas regulares y recibir vacunas recomendadas para prevenir enfermedades infecciosas. Estas medidas preventivas pueden ayudar a detectar y tratar problemas de salud en etapas tempranas, antes de que se conviertan en problemas graves.

Por lo que, la promoción de estilos de vida saludables y medidas preventivas es esencial para mantener la salud y el bienestar en la vejez. Al adoptar hábitos de vida saludables, gestionar el estrés, participar en revisiones médicas regulares y recibir vacunas recomendadas, los adultos mayores pueden disfrutar de una vida más larga, activa y satisfactoria en la tercera edad.

Capítulo 5:
Manejo del Estrés y Cuidado Emocional

En este tema nos centramos en proporcionar herramientas y estrategias para enfrentar el estrés de manera efectiva y promover el bienestar emocional en la vejez. El estrés y las preocupaciones emocionales pueden afectar significativamente la calidad de vida de los adultos mayores, y este capítulo busca abordar estos desafíos de manera integral.

El manejo del estrés es crucial para mantener la salud física y mental en la tercera edad. El capítulo aborda diferentes técnicas y enfoques para gestionar el estrés, como la práctica de la atención plena (mindfulness), la meditación, la respiración profunda, el ejercicio regular y la participación en actividades recreativas y sociales.

Estas estrategias pueden ayudar a reducir los niveles de cortisol, la hormona del estrés, y promover la relajación física y mental.

Además, el cuidado emocional es un aspecto importante del bienestar en la vejez. El capítulo ofrece consejos y recursos para cultivar una actitud positiva, fortalecer la resiliencia emocional y manejar los desafíos emocionales que puedan surgir en esta etapa de la vida. Esto puede incluir prácticas como la expresión emocional, la búsqueda de apoyo social, el establecimiento de límites saludables y la participación en terapia psicológica si es necesario.

También abordamos la importancia de mantener conexiones sociales significativas, buscar apoyo emocional cuando sea necesario y practicar técnicas de autocuidado para manejar el estrés y la ansiedad.

Se ofrecen recomendaciones para mantener la salud mental, como participar en actividades sociales y recreativas, buscar ayuda profesional cuando sea necesario y practicar técnicas de relajación y mindfulness para reducir el estrés y mejorar el bienestar emocional.

Consejos y recursos para cultivar una actitud positiva, fortalecer la resiliencia emocional

Para cultivar una actitud positiva, fortalecer la resiliencia emocional y manejar los desafíos emocionales en la vejez, aquí hay algunos consejos y recursos útiles:

Practica la gratitud: Dedica tiempo cada día para reflexionar sobre las cosas por las que estás agradecido. Mantener un diario de gratitud o simplemente tomarse unos minutos para reconocer las bendiciones en tu vida puede ayudar a cambiar tu perspectiva hacia una más positiva.

La práctica de la gratitud es una herramienta poderosa para promover el bienestar emocional y el equilibrio mental en la vida diaria.

Al tomarse el tiempo cada día para reflexionar sobre las cosas por las que uno está agradecido, se puede cultivar una perspectiva más positiva y apreciativa de la vida. Esto implica reconocer y valorar las bendiciones, grandes o pequeñas, que se presentan en el día a día.

Mantener un diario de gratitud es una forma efectiva de incorporar esta práctica a la rutina diaria. Simplemente dedicar unos minutos cada noche para anotar tres cosas por las que se está agradecido puede tener un impacto significativo en el estado de ánimo y la percepción personal.

Estas pueden ser cosas simples como el calor del sol en la mañana, una conversación agradable con un amigo o un gesto amable de un extraño. Al enfocarse en lo positivo, se puede cambiar la perspectiva hacia una más optimista, lo que puede tener beneficios emocionales y psicológicos a largo plazo.

La práctica constante de la gratitud puede ayudar a reducir el estrés, mejorar la calidad del sueño, fortalecer las relaciones interpersonales y promover un sentido general de bienestar y satisfacción con la vida.

Fomenta relaciones sociales saludables

Mantén conexiones significativas con amigos, familiares y la comunidad. Participa en actividades sociales que disfrutes y que te permitan conectarte con otras personas.

Fomentar relaciones sociales saludables es esencial para el bienestar emocional y mental en todas las etapas de la vida. Mantener conexiones significativas con amigos, familiares y la comunidad proporciona un sentido de pertenencia, apoyo emocional y enriquecimiento personal.

Participar en actividades sociales que se disfruten y permitan la conexión con otras personas es una excelente manera de cultivar relaciones saludables. Esto puede incluir actividades como reuniones familiares, salidas con amigos, pertenencia a grupos de interés común, voluntariado o participación en clubes y organizaciones comunitarias.

Las relaciones sociales no solo ofrecen momentos de alegría y diversión, sino que también brindan oportunidades para compartir experiencias, expresar emociones y recibir apoyo durante momentos difíciles. La interacción social activa puede ayudar a reducir el estrés, mejorar el estado de ánimo y promover un sentido de bienestar general.

Además, las relaciones sociales pueden ser una fuente importante de estimulación cognitiva y emocional, ya que implican la comunicación, el intercambio de ideas y la resolución de problemas en un entorno social.

Esto puede ser especialmente beneficioso en la tercera edad, cuando el aislamiento social puede ser más común y el mantenimiento de relaciones significativas puede tener un impacto significativo en la salud y la calidad de vida. En resumen, fomentar relaciones sociales saludables es clave para el bienestar emocional y social en todas las etapas de la vida.

Aprende técnicas de manejo del estrés:

Explora técnicas de relajación como la meditación, la respiración profunda, el yoga o. Estas prácticas pueden ayudar a reducir el estrés y promover la calma mental.

Aprender técnicas de manejo del estrés es fundamental para promover el bienestar emocional y mental. Explorar prácticas como la meditación, la respiración profunda, el yoga puede ser beneficioso para reducir el estrés y fomentar la calma mental.

La meditación, por ejemplo, consiste en enfocar la mente en un objeto, pensamiento o actividad específica para entrenar la atención y aumentar la conciencia del momento presente. Esta práctica puede ayudar a reducir la actividad del sistema nervioso simpático, responsable de la respuesta al estrés, y promover la relajación.

La respiración profunda es otra técnica efectiva para reducir el estrés. Al inhalar profundamente por la nariz y exhalar lentamente por la boca, se puede activar la respuesta de relajación del cuerpo, disminuyendo la frecuencia cardíaca y la presión arterial y promoviendo la sensación de calma.

El yoga y el tai chi son prácticas que combinan movimiento físico suave con técnicas de respiración y enfoque mental. Estas actividades pueden ayudar a reducir la tensión muscular, mejorar la flexibilidad y promover el equilibrio emocional y mental.

En resumen, aprender técnicas de manejo del estrés como la meditación, la respiración profunda, el yoga puede ser beneficioso para reducir el estrés y promover la calma mental, lo que contribuye al bienestar emocional y mental en general.

Cuida tu salud física: Mantén un estilo de vida saludable que incluya una dieta equilibrada, ejercicio regular y suficiente descanso. La buena salud física puede tener un impacto positivo en tu bienestar emocional.

Cuidar tu salud física es esencial para mantener un equilibrio óptimo entre cuerpo y mente. Mantener un estilo de vida saludable que incluya una dieta equilibrada, ejercicio regular y suficiente descanso puede tener un impacto positivo en tu bienestar emocional.

Una dieta equilibrada proporciona los nutrientes necesarios para el funcionamiento óptimo del cuerpo y la mente.

Consumir una variedad de alimentos frescos, ricos en vitaminas, minerales y antioxidantes, puede ayudar a mantener la energía, mejorar el estado de ánimo y fortalecer el sistema inmunológico.

El ejercicio regular es fundamental para mantener la salud física y mental. La actividad física regular ayuda a fortalecer los músculos y los huesos, mejorar la circulación sanguínea, reducir el estrés y promover la liberación de endorfinas, neurotransmisores que mejoran el estado de ánimo y reducen la sensación de dolor.

El descanso adecuado es igualmente importante para la salud física y emocional. Dormir lo suficiente y tener un buen patrón de sueño puede mejorar la concentración, la memoria y la función cognitiva, así como reducir el riesgo de desarrollar problemas de salud física y mental.

Cuidar tu salud física a través de una dieta equilibrada, ejercicio regular y suficiente descanso es fundamental para promover el bienestar emocional y mantener un estilo de vida saludable y activo. Al priorizar tu salud física, también estás cuidando tu bienestar emocional y mental en general.

Busca apoyo emocional cuando sea necesario:
No tengas miedo de pedir ayuda si estás lidiando con emociones difíciles. Habla con amigos de confianza, familiares o un profesional de la salud mental si necesitas apoyo adicional.

Buscar apoyo emocional cuando sea necesario es una parte fundamental del autocuidado y la gestión de la salud mental. No debes temer pedir ayuda si estás enfrentando emociones difíciles. Hablar con amigos de confianza, familiares o un profesional de la salud mental puede ser una forma efectiva de obtener el apoyo necesario para enfrentar los desafíos emocionales.

Los amigos y la familia pueden proporcionar un oído comprensivo, apoyo práctico y una perspectiva externa sobre tus preocupaciones. Compartir tus sentimientos con alguien de confianza puede aliviar la carga emocional y ayudarte a sentirte menos solo en tu experiencia.

Sin embargo, en algunos casos, puede ser beneficioso buscar ayuda profesional. Los terapeutas y consejeros están capacitados para ayudar a las personas a enfrentar una variedad de problemas emocionales y pueden proporcionar orientación, herramientas y recursos para manejar eficazmente las dificultades emocionales.

Recuerda que buscar apoyo emocional no es un signo de debilidad, sino un paso valiente hacia el autocuidado y la recuperación emocional. Todos enfrentamos momentos difíciles en la vida, y pedir ayuda es un acto de autocuidado que puede marcar la diferencia en tu bienestar emocional y en tu capacidad para afrontar los desafíos de manera saludable y efectiva.

Participa en actividades significativas: Encuentra actividades que te brinden alegría, propósito y significado. Esto podría incluir pasatiempos, voluntariado, actividades creativas o cualquier otra cosa que te haga sentir realizado.

Participar en actividades significativas es una forma poderosa de promover el bienestar emocional y encontrar un sentido de propósito y satisfacción en la vida. Encontrar actividades que te brinden alegría, propósito y significado puede ayudarte a cultivar una vida plena y satisfactoria.

Los pasatiempos son una excelente manera de explorar tus intereses y desarrollar nuevas habilidades. Ya sea la jardinería, la fotografía, la cocina, la lectura o la música, dedicar tiempo a actividades que disfrutas puede ser una fuente de placer y gratificación personal.

El voluntariado es otra forma significativa de contribuir a la comunidad y encontrar un propósito más grande.

Ofrecer tu tiempo y habilidades para ayudar a los demás puede proporcionar una sensación de satisfacción y conexión social, así como promover un sentido de altruismo y empatía.

Las actividades creativas, como la pintura, la escritura, la música o la danza, pueden ser una forma poderosa de expresión personal y autoexpresión. Estas actividades pueden ayudarte a conectarte con tus emociones, liberar el estrés y fomentar la creatividad.

Cualquiera que sea la actividad que elijas, lo importante es que te brinde un sentido de realización y satisfacción personal. Al participar en actividades significativas, puedes encontrar un propósito más grande en la vida y cultivar un mayor bienestar emocional y mental.

Busca recursos comunitarios: Investiga qué recursos y programas están disponibles en tu comunidad para apoyar el bienestar emocional y la salud mental de los adultos mayores. Esto podría incluir grupos de apoyo, centros de bienestar, programas de cnriquccimiento personal, entre otros.

Buscar recursos comunitarios es una estrategia importante para promover el bienestar emocional y la salud mental en la tercera edad. Investigar qué recursos y programas están disponibles en tu comunidad puede proporcionar un apoyo invaluable y conectar con otros adultos mayores que enfrentan desafíos similares.

Los grupos de apoyo son un recurso valioso donde los adultos mayores pueden compartir experiencias, recibir apoyo emocional y aprender estrategias de afrontamiento efectivas. Estos grupos pueden estar dirigidos por profesionales de la salud mental o ser facilitados por pares y pueden abordar una variedad de temas, como el duelo, la depresión, la ansiedad o el cuidado de los seres queridos.

Los centros de bienestar son otro recurso comunitario importante que ofrece una variedad de servicios y actividades diseñadas para promover el bienestar emocional y la salud mental. Estos centros pueden ofrecer clases de ejercicio, programas educativos, talleres de habilidades para la vida, sesiones de terapia grupal y actividades recreativas, entre otros.

Además, existen programas de enriquecimiento personal que brindan oportunidades para el crecimiento personal y la conexión social. Estos programas pueden incluir clases de arte, música, idiomas, cocina, informática y más, proporcionando una manera divertida y estimulante de aprender y socializar.

Al buscar recursos comunitarios, es importante investigar y evaluar qué opciones son más adecuadas para tus necesidades y preferencias individuales. Participar en estos recursos puede brindar un apoyo vital y contribuir a un mayor bienestar emocional y calidad de vida en la tercera edad.

Al cultivar una actitud positiva, fortalecer la resiliencia emocional y utilizar recursos disponibles, puedes enfrentar los desafíos emocionales de la vejez con mayor confianza y bienestar. Recuerda que el autocuidado y el apoyo social son componentes clave para mantener una salud emocional satisfactoria.

Impacto del estrés en la salud y el bienestar emocional en la tercera edad

El impacto del estrés en la salud y el bienestar emocional en la tercera edad es significativo y puede afectar diversos aspectos de la vida de los adultos mayores. El estrés crónico puede tener consecuencias negativas tanto a nivel físico como emocional, y es importante comprender cómo afecta a esta etapa de la vida.

En primer lugar, el estrés crónico puede tener un impacto en la salud física de los adultos mayores. Puede aumentar el riesgo de desarrollar enfermedades crónicas como enfermedades cardíacas, diabetes, trastornos gastrointestinales e incluso ciertos tipos de cáncer.

Esto se debe a que el estrés prolongado puede desencadenar una respuesta inflamatoria en el cuerpo y afectar el funcionamiento del sistema inmunológico, lo que hace que el cuerpo sea más vulnerable a diversas enfermedades y condiciones de salud.

Además, el estrés crónico puede contribuir al deterioro de la salud mental y el bienestar emocional en la tercera edad. Puede aumentar el riesgo de desarrollar trastornos del estado de ánimo como la depresión y la ansiedad, así como dificultades cognitivas como la pérdida de memoria y la disminución de la función cognitiva.

El estrés prolongado también puede afectar la calidad del sueño, lo que puede empeorar los problemas de salud mental y aumentar el riesgo de problemas de salud física.

El estrés también puede tener un impacto en la calidad de vida general, de los adultos mayores. Puede interferir con las relaciones sociales, reducir la participación en actividades placenteras y disminuir la sensación de bienestar y satisfacción con la vida.

Además, el estrés crónico puede afectar la capacidad de los adultos mayores para hacer frente a los desafíos cotidianos y adaptarse a cambios en su entorno, lo que puede llevar a sentimientos de impotencia y desesperanza.

Es importante tener en cuenta que el estrés en la tercera edad puede ser causado por una variedad de factores, que van desde problemas de salud crónicos y preocupaciones financieras hasta cambios en las relaciones sociales y la pérdida de seres queridos.

Por lo tanto, es fundamental abordar el estrés de manera integral, proporcionando apoyo emocional, acceso a recursos comunitarios y estrategias efectivas de afrontamiento para ayudar a los adultos mayores a gestionar el estrés y promover su salud y bienestar emocional en esta etapa de la vida.

Técnicas de manejo del estrés y cuidado emocional

Existen varias técnicas de manejo del estrés y cuidado emocional que pueden ser útiles para los adultos mayores. Aquí hay algunas:

Práctica de la atención plena (mindfulness): La atención plena implica prestar atención deliberada al momento presente sin juzgar. Las prácticas de mindfulness, como la meditación de atención plena y la atención plena en la respiración, pueden ayudar a reducir el estrés, mejorar la claridad mental y promover la calma emocional.

La práctica de la atención plena, también conocida como mindfulness, es una herramienta poderosa para mejorar el bienestar emocional y mental. Implica prestar atención deliberada al momento presente, sin juzgarlo ni reaccionar de manera automática. Las prácticas de mindfulness, como la meditación de atención plena y la atención plena en la respiración, pueden tener numerosos beneficios para la salud mental.

Al practicar la meditación de atención plena, se entrena la mente para enfocarse en el momento presente, observando los pensamientos y sensaciones que surgen sin aferrarse a ellos ni juzgarlos. ´

Esto puede ayudar a reducir el estrés al disminuir la rumiación mental y promover una sensación de calma interior.

La atención plena en la respiración es otra técnica efectiva que implica concentrarse en la respiración, observando cómo entra y sale el aire del cuerpo. Esta práctica puede ayudar a calmar la mente, mejorar la claridad mental y promover una sensación de calma emocional.

Además de reducir el estrés, la práctica regular de mindfulness puede mejorar la concentración, aumentar la conciencia emocional y promover una mayor aceptación de uno mismo y de los demás. Al cultivar la atención plena, se puede desarrollar una mayor resiliencia frente a los desafíos de la vida y una mayor capacidad para vivir con intención y significado.

Respiración profunda: La respiración profunda es una técnica simple pero efectiva para reducir el estrés y promover la relajación. Al inhalar profundamente por la nariz y exhalar lentamente por la boca varias veces, puedes ayudar a calmar el sistema nervioso y reducir la ansiedad.

La respiración profunda es una técnica sencilla pero poderosa para reducir el estrés y fomentar la relajación. Al inhalar profundamente por la nariz y exhalar lentamente por la boca varias veces, puedes ayudar a calmar el sistema nervioso y reducir la ansiedad.

Cuando nos sentimos estresados o ansiosos, a menudo nuestra respiración se vuelve superficial y rápida.

Esto puede activar la respuesta de lucha o huida del cuerpo, aumentando aún más la sensación de estrés. Sin embargo, al practicar la respiración profunda, podemos activar la respuesta de relajación del cuerpo, lo que ayuda a reducir la frecuencia cardíaca, disminuir la presión arterial y relajar los músculos.

La clave de la respiración profunda radica en respirar desde el diafragma en lugar de desde el pecho. Esto implica llenar los pulmones completamente con aire, permitiendo que el abdomen se expanda durante la inhalación y se contraiga durante la exhalación.

Al practicar la respiración profunda de manera regular, puedes cultivar una sensación de calma y equilibrio en tu vida diaria.

Puedes hacerlo en cualquier momento y lugar, ya sea en casa, en el trabajo o incluso en situaciones estresantes. Es una herramienta simple pero efectiva que puedes utilizar para manejar el estrés y promover tu bienestar emocional y mental.

Ejercicio regular en la tercera edad:

El ejercicio regular es una excelente manera de reducir el estrés y mejorar el estado de ánimo. La actividad física, ya sea caminar, nadar, bailar o practicar yoga, libera endorfinas en el cuerpo, que son neurotransmisores que promueven la sensación de bienestar.

El ejercicio regular en la tercera edad es fundamental para promover el bienestar físico y mental. Sea caminar, nadar, bailar o practicar yoga, la actividad física libera endorfinas en el cuerpo, neurotransmisores que promueven la sensación de bienestar y ayudan a reducir el estrés.

A medida que envejecemos, el ejercicio sigue siendo crucial para mantener la salud cardiovascular, fortalecer los músculos y huesos, mejorar la flexibilidad y el equilibrio, y mantener un peso saludable. Además de los beneficios físicos, el ejercicio regular también puede mejorar significativamente el estado de ánimo y la salud mental en general.

El ejercicio aeróbico, como caminar o nadar, aumenta la frecuencia cardíaca y la circulación sanguínea, lo que puede ayudar a reducir la ansiedad y mejorar el estado de ánimo.

Por otro lado, actividades como el yoga, que se centran en la respiración y el movimiento suave, pueden promover la relajación y la calma mental.

Es importante elegir actividades que sean adecuadas para tu nivel de condición física y que te resulten placenteras. El ejercicio no tiene que ser extenuante para ser beneficioso; incluso pequeñas cantidades de actividad física pueden marcar una diferencia significativa en tu bienestar general.

Participación del adulto mayor en actividades recreativas:

Participar en actividades recreativas que disfrutes puede ayudar a aliviar el estrés y mejorar el estado de ánimo. Esto podría incluir hobbies como la jardinería, la pintura, la lectura, la música o cualquier otra actividad que te haga sentir bien.

La participación del adulto mayor en actividades recreativas es crucial para promover el bienestar emocional y mejorar la calidad de vida. Participar en actividades recreativas que disfrutes puede ayudar a aliviar el estrés y mejorar el estado de ánimo.

Esto podría incluir hobbies como la jardinería, la pintura, la lectura, la música o cualquier otra actividad que te haga sentir bien.

Las actividades recreativas ofrecen una forma de escapar de las tensiones diarias y encontrar momentos de alegría y placer. Al dedicar tiempo a actividades que te gusten, puedes reducir la ansiedad, mejorar el estado de ánimo y aumentar la sensación de satisfacción personal.

Además, las actividades recreativas pueden ofrecer oportunidades para socializar y conectarse con otras personas. Ya sea participando en un club de lectura, un grupo de jardinería o una clase de pintura, estas actividades pueden fomentar nuevas amistades y fortalecer las relaciones existentes.

Es importante encontrar actividades recreativas que se adapten a tus intereses y necesidades individuales. No importa cuáles sean tus pasatiempos, lo importante es dedicar tiempo regularmente a actividades que te brinden placer y satisfacción.

En resumen, la participación del adulto mayor en actividades recreativas es una parte importante del autocuidado y la salud emocional. Al dedicar tiempo a actividades que disfrutes, puedes mejorar tu bienestar emocional, reducir el estrés y disfrutar de una mayor calidad de vida en la tercera edad.

Buscar apoyo social: Mantener conexiones sociales significativas y buscar apoyo emocional cuando sea necesario es importante para el bienestar emocional del adulto en etapa de la vejez. Hablar con amigos, familiares o un profesional de la salud mental puede ayudarte a gestionar el estrés y las emociones difíciles.

Buscar apoyo social es fundamental para el bienestar emocional del adulto en etapa de la vejez. Mantener conexiones sociales significativas y buscar apoyo emocional cuando sea necesario puede marcar una gran diferencia en la calidad de vida durante esta etapa.

Hablar con amigos, familiares o un profesional de la salud mental puede proporcionar un espacio seguro para expresar emociones y recibir apoyo en momentos de dificultad. Compartir las preocupaciones y los desafíos con personas de confianza puede aliviar la carga emocional y proporcionar una nueva perspectiva sobre los problemas.

Además, participar en actividades sociales y comunitarias puede brindar oportunidades para conectarse con otros y construir relaciones significativas. Ya sea a través de grupos de apoyo, actividades recreativas o eventos sociales, el contacto regular con otros puede ayudar a combatir la soledad y fortalecer el sentido de pertenencia.

Es importante recordar que buscar apoyo no es un signo de debilidad, sino un acto de valentía y autocuidado. Todos enfrentamos momentos difíciles en la vida, y pedir ayuda es una parte natural del proceso de afrontamiento.

En resumen, buscar apoyo social y emocional es esencial para el bienestar emocional del adulto mayor. Mantener conexiones significativas y buscar ayuda cuando sea necesario puede proporcionar consuelo, apoyo y una mayor sensación de bienestar en la etapa de la vejez.

Practicar la gratitud: Tomarse el tiempo para reconocer y apreciar las cosas positivas en la vida puede ayudar a cambiar la perspectiva y reducir el estrés en la tercera edad. Mantener un diario de gratitud o simplemente hacer una lista mental de cosas por las que estás agradecido puede ser una práctica útil.

Practicar la gratitud es una estrategia poderosa para promover el bienestar emocional en la tercera edad. Tomarse el tiempo para reconocer y apreciar las cosas positivas en la vida puede ayudar a cambiar la perspectiva y reducir el estrés.

Mantener un diario de gratitud es una práctica común y efectiva. Puedes dedicar unos minutos cada día para escribir en un cuaderno las cosas por las que te sientes agradecido. Esto puede incluir experiencias positivas, momentos felices, personas que te apoyan o cosas simples que traen alegría a tu vida. Al hacerlo, te enfocas en lo positivo y entrenas tu mente para buscar y valorar lo bueno en tu vida.

Incluso sin un diario, simplemente hacer una lista mental de cosas por las que estás agradecido puede ser una práctica útil. Al comenzar o terminar tu día reflexionando sobre las bendiciones en tu vida, puedes cultivar una actitud de gratitud que te ayude a enfrentar los desafíos con una mentalidad más positiva.

La práctica de la gratitud no solo te ayuda a sentirte mejor emocionalmente, sino que también puede tener beneficios físicos y mentales, como reducir el estrés, mejorar la calidad del sueño y fortalecer el sistema inmunológico.

Quiere decir que, practicar la gratitud es una forma simple pero poderosa de promover el bienestar emocional en la tercera edad. Al centrarte en lo positivo y apreciar las bendiciones en tu vida, puedes cultivar una mentalidad más positiva y disfrutar de una mayor satisfacción y felicidad.

Establecer límites saludables: Aprender a decir no y establecer límites saludables en las relaciones y actividades puede ayudar a reducir el estrés del adulto mayor y evitar la sobrecarga emocional. Es importante priorizar tu propia salud y bienestar.

Establecer límites saludables es una habilidad crucial para el bienestar emocional del adulto mayor. Aprender a decir no y establecer límites en las relaciones y actividades puede ayudar a reducir el estrés y evitar la sobrecarga emocional.

Es importante reconocer tus propias necesidades y priorizar tu salud y bienestar. Esto significa aprender a decir no a las demandas que te resulten abrumadoras o que interfieran con tu bienestar físico, emocional o mental.

Establecer límites saludables en las relaciones implica comunicar tus necesidades y expectativas de manera clara y respetuosa. Esto puede incluir establecer límites en cuanto al tiempo que pasas con los demás, las actividades en las que participas o las conversaciones que estás dispuesto a tener.

También es importante establecer límites en las actividades que realizas para evitar la sobrecarga y el agotamiento. Esto puede implicar priorizar tus responsabilidades y compromisos de manera que te permitan tener tiempo para descansar, relajarte y cuidar de ti mismo.

Al establecer límites saludables, estás protegiendo tu salud física, emocional y mental, y promoviendo un mayor bienestar en la tercera edad. Recuerda que decir no, no es egoísta, es una forma de autocuidado que te permite mantener un equilibrio saludable en tu vida.

Estas son solo algunas de las técnicas de manejo del estrés y cuidado emocional que pueden ser útiles para los adultos mayores.

Es importante experimentar con diferentes estrategias y encontrar las que funcionen mejor para ti. Recuerda que el autocuidado y el cuidado emocional son fundamentales para mantener una buena calidad de vida en la tercera edad.

Importancia de buscar apoyo y desarrollar redes de apoyo social

La importancia de buscar apoyo y desarrollar redes de apoyo social radica en el papel fundamental que desempeñan las conexiones sociales en el bienestar emocional y la salud mental de los adultos mayores. Mantener relaciones significativas y recibir apoyo emocional de amigos, familiares y la comunidad puede tener un impacto positivo en la calidad de vida en la tercera edad.

El apoyo social proporciona una red de seguridad emocional que puede ayudar a reducir el estrés, aumentar la resiliencia y mejorar la capacidad para hacer frente a los desafíos de la vida cotidiana. El compartir experiencias, sentimientos y preocupaciones con otros puede proporcionar una sensación de conexión y pertenencia que es esencial para el bienestar emocional.

Además, el apoyo social puede ser especialmente importante durante momentos de cambio o transición, como la jubilación, la pérdida de un ser querido o la enfermedad.

Tener personas en las que confiar y en quienes apoyarse puede ayudar a enfrentar estos desafíos con mayor fortaleza y adaptabilidad.

Así que, buscar apoyo y desarrollar redes de apoyo social es esencial para promover el bienestar emocional y la salud mental en la tercera edad. Cultivar relaciones significativas y mantener conexiones sociales fuertes puede marcar una diferencia significativa en la calidad de vida y la capacidad para hacer frente a los desafíos del envejecimiento.

Capítulo 6:
El Sueño de Calidad en la etapa de la Vejez

El sueño de calidad y el descanso adecuado son aspectos fundamentales del bienestar en la etapa de la vejez. Este capítulo nos lleva a comprender la importancia de un sueño reparador y cómo garantizar un descanso adecuado para promover la salud física y mental en los adultos mayores.

En primer lugar, se explora la importancia del sueño en esta etapa de la vida. Se discuten los cambios naturales en los patrones de sueño que pueden ocurrir con el envejecimiento, como la reducción de la duración del sueño profundo y la tendencia a despertarse durante la noche. Se resalta la necesidad de un sueño de calidad para la salud cognitiva, el estado de ánimo, la función inmunológica y la prevención de enfermedades crónicas.

Un sueño de calidad es esencial para múltiples aspectos de la salud y el bienestar en la etapa de la vejez. En primer lugar, el sueño influye significativamente en la salud cognitiva, ya que durante el sueño se consolidan los recuerdos y se procesan las experiencias del día. Un sueño insuficiente o de mala calidad puede afectar la memoria, la concentración y la toma de decisiones.

Además, el sueño juega un papel crucial en el estado de ánimo, ya que la falta de sueño puede contribuir a la irritabilidad, la ansiedad y la depresión. Un sueño adecuado ayuda a regular las emociones y promueve un estado de ánimo más equilibrado y positivo.

El sistema inmunológico también se beneficia del sueño de calidad, ya que durante el descanso el cuerpo repara y regenera tejidos, y produce células inmunes clave. Un sueño insuficiente puede debilitar el sistema inmunológico, aumentando el riesgo de enfermedades e infecciones.

Por último, un sueño adecuado se ha asociado con la prevención de enfermedades crónicas como la diabetes, la hipertensión y las enfermedades cardíacas. Dormir lo suficiente y tener un sueño de calidad ayuda a regular los niveles de glucosa en sangre, la presión arterial y otros factores de riesgo relacionados con enfermedades crónicas.

Presentamos estrategias y prácticas para mejorar la calidad del sueño en los adultos mayores. Esto puede incluir la creación de un entorno propicio para el sueño, como mantener un ambiente tranquilo y oscuro, establecer una rutina regular de sueño y despertar, y evitar el consumo de estimulantes como la cafeína antes de acostarse. También se discuten técnicas de relajación y meditación que pueden ayudar a conciliar el sueño y reducir la ansiedad antes de acostarse.

Trastornos del sueño comunes en la tercera edad

Además, vemos a seguidas los trastornos del sueño comunes en la tercera edad, como el insomnio, la apnea del sueño y el síndrome de piernas inquietas.

En la tercera edad, es común que se presenten trastornos del sueño como el insomnio, la apnea del sueño y el síndrome de piernas inquietas, lo que puede afectar significativamente la calidad de vida de los adultos mayores.

El insomnio, caracterizado por dificultades para conciliar el sueño, permanecer dormido o despertarse temprano, es uno de los trastornos del sueño más comunes en esta etapa. Puede ser causado por factores como el estrés, la ansiedad, el dolor crónico o los cambios en los patrones de sueño asociados con el envejecimiento.

La apnea del sueño es otra afección frecuente, donde la respiración se interrumpe repetidamente durante el sueño debido a la obstrucción de las vías respiratorias. Esto puede provocar ronquidos intensos, somnolencia diurna, fatiga y problemas de salud más graves como la hipertensión y las enfermedades cardíacas.

El síndrome de piernas inquietas se caracteriza por la necesidad urgente de mover las piernas debido a sensaciones incómodas, como picazón, hormigueo o ardor. Esto puede dificultar conciliar el sueño y provocar interrupciones nocturnas, lo que resulta en fatiga y somnolencia durante el día.

Estos trastornos del sueño pueden tener un impacto significativo en la calidad de vida y la salud física y mental de los adultos mayores. Es importante buscar tratamiento y manejo adecuados, que pueden incluir cambios en el estilo de vida, terapia cognitivo-conductual, dispositivos de apnea del sueño o medicamentos, según sea necesario.

Se proporcionan estrategias para identificar y abordar estos problemas, incluyendo la consulta con un profesional de la salud para recibir un diagnóstico y tratamiento adecuados.

Por último, se enfatiza la importancia del descanso adecuado durante el día para complementar el sueño nocturno.

El descanso adecuado durante el día es crucial para complementar el sueño nocturno y promover un óptimo bienestar en la tercera edad. Mientras que el sueño nocturno es fundamental para la consolidación de la memoria, la regulación emocional y la reparación celular, el descanso diurno puede ayudar a recargar energías, mejorar el rendimiento cognitivo y prevenir la fatiga.

Tomarse períodos cortos de descanso durante el día puede proporcionar un impulso necesario para mantenerse alerta y concentrado. Esto es especialmente importante para los adultos mayores, cuya capacidad para mantener la atención y la concentración puede disminuir con el envejecimiento. Una siesta breve de 20 a 30 minutos puede mejorar la cognición, el estado de ánimo y la productividad, sin interferir significativamente con el sueño nocturno.

Además, el descanso durante el día puede ayudar a aliviar el estrés y la tensión acumulada, proporcionando un momento de relajación y renovación mental. Esto puede contribuir a una sensación general de bienestar y mejorar la calidad de vida en la tercera edad.

Así, el descanso adecuado durante el día es esencial para complementar el sueño nocturno, mejorar el rendimiento cognitivo y emocional, y promover un mayor bienestar en la tercera edad. Incorporar breves períodos de descanso en la rutina diaria puede tener beneficios significativos para la salud y el bienestar en general.

Se discuten las siestas breves y su impacto en la salud y el bienestar en la tercera edad, así como recomendaciones para aprovechar al máximo el descanso diurno sin interferir con el sueño nocturno.

En última instancia, te proporcionamos una visión integral sobre la importancia del sueño de calidad y el descanso adecuado en la etapa de la vejez, así como estrategias prácticas para mejorar la calidad del sueño y promover un mayor bienestar físico y mental en los adultos mayores.

Importancia del sueño para la salud y el bienestar en la vejez

El sueño juega un papel fundamental en la salud y el bienestar en todas las etapas de la vida, y su importancia se magnifica aún más en la vejez. Durante el sueño, el cuerpo lleva a cabo procesos vitales de reparación, restauración y consolidación de la memoria, que son esenciales para mantener un funcionamiento óptimo del cuerpo y la mente.

En la vejez, el sueño de calidad es crucial para promover la salud física, mental y emocional. Por un lado, el sueño adecuado contribuye a la salud cognitiva al mejorar la memoria, la concentración y la capacidad de atención. Esto es especialmente importante para los adultos mayores, ya que el deterioro cognitivo es una preocupación común en esta etapa de la vida.

El sueño adecuado desempeña un papel fundamental en la salud cognitiva de los adultos mayores al mejorar la memoria, la concentración y la capacidad de atención. Estos aspectos son vitales para mantener un funcionamiento cognitivo óptimo a medida que envejecemos, ya que el deterioro cognitivo es una preocupación común en la vejez.

En primer lugar, el sueño es crucial para la consolidación de la memoria.

Durante el sueño, el cerebro procesa y almacena la información recién adquirida, lo que contribuye a la formación de recuerdos a largo plazo. Un sueño adecuado permite que este proceso de consolidación de la memoria ocurra de manera eficiente, lo que ayuda a mantener una memoria robusta en la vejez.

Además, el sueño de calidad mejora la concentración y la capacidad de atención. Durante el sueño, el cerebro elimina las toxinas y los desechos acumulados durante el día, lo que ayuda a restaurar la función cognitiva y a preparar el cerebro para enfrentar los desafíos cognitivos del día siguiente. Un sueño inadecuado, por otro lado, puede resultar en dificultades para concentrarse, problemas de atención y una mayor propensión a cometer errores.

Dado que el deterioro cognitivo es una preocupación común en la tercera edad, es crucial priorizar el sueño adecuado para mantener la salud cognitiva.

Esto puede incluir establecer una rutina regular de sueño y despertar, crear un ambiente propicio para dormir, y abordar cualquier trastorno del sueño subyacente que pueda estar afectando la calidad del descanso. Al hacerlo, se puede promover una función cognitiva óptima y mejorar la calidad de vida en la vejez.

Además, el sueño adecuado juega un papel clave en la regulación del estado de ánimo y el bienestar emocional. La falta de sueño puede contribuir a la irritabilidad, la ansiedad y la depresión, mientras que un sueño reparador puede promover un estado de ánimo más equilibrado y positivo.

Desde el punto de vista físico, el sueño adecuado es crucial para la salud del sistema inmunológico, la función cardiovascular, el metabolismo y la capacidad de recuperación del cuerpo. Un sueño insuficiente o de mala calidad puede aumentar el riesgo de enfermedades crónicas como la diabetes, la hipertensión y las enfermedades cardíacas.

El sueño de calidad es esencial para mantener la salud y el bienestar en la vejez. Priorizar el descanso adecuado y buscar soluciones para mejorar la calidad del sueño puede tener un impacto significativo en la calidad de vida y la longevidad de los adultos mayores.

Cómo mejorar la calidad del sueño en los envejecientes y abordar problemas comunes de sueño

Mejorar la calidad del sueño en los adultos mayores y abordar problemas comunes de sueño es crucial para promover un envejecimiento saludable y mejorar el bienestar general. Veamos algunas estrategias efectivas para lograrlo:

Establecer una rutina de sueño regular:

Mantener horarios consistentes para ir a la cama y despertarse ayuda a regular el reloj interno del cuerpo y mejorar la calidad del sueño.

Cuando se sigue una rutina de sueño regular, el cuerpo se acostumbra a dormir y despertarse a las mismas horas todos los días, lo que facilita la conciliación del sueño y promueve un sueño más profundo y reparador.

Además, mantener una rutina regular ayuda a regular la producción de hormonas clave asociadas con el sueño y la vigilia, como la melatonina, lo que contribuye a un ciclo de sueño más saludable.

Además, una rutina de sueño regular también puede ayudar a mejorar la consistencia y la calidad del sueño a lo largo del tiempo, lo que puede tener beneficios significativos para la salud física, mental y emocional en la tercera edad. En resumen, establecer una rutina de sueño regular es una estrategia simple pero efectiva para mejorar la calidad del descanso y promover el bienestar en los adultos mayores.

Crear un ambiente propicio para dormir: Como mencioné anteriormente, mantener el dormitorio fresco, oscuro, tranquilo y cómodo puede ayudar a facilitar la conciliación del sueño y mejorar la calidad del descanso.

Crear un ambiente propicio para dormir es esencial para mejorar la calidad del sueño en los adultos mayores. Un entorno adecuado puede ayudar a facilitar la conciliación del sueño y a promover un descanso más profundo y reparador.

Mantener el dormitorio fresco es importante, ya que una temperatura demasiado alta o baja puede dificultar el sueño. Además, es crucial mantener la habitación oscura para minimizar la exposición a la luz artificial, lo que puede interferir con la producción de melatonina, la hormona del sueño.

Reducir el ruido y mantener la habitación tranquila también es importante para evitar interrupciones durante la noche. Finalmente, es fundamental que la cama y la ropa de cama sean cómodas y acogedoras, lo que puede ayudar a promover la relajación y el confort durante el sueño.

En resumen, crear un ambiente fresco, oscuro, tranquilo y cómodo en el dormitorio puede ser clave para mejorar la calidad del sueño en los adultos mayores y promover un descanso más reparador.

Limitar la exposición a la luz artificial: Reducir la exposición a la luz brillante, especialmente la luz azul emitida por dispositivos electrónicos, antes de acostarse puede ayudar a regular los ritmos circadianos y promover el sueño.

Limitar la exposición a la luz artificial, especialmente la luz azul emitida por dispositivos electrónicos, antes de acostarse puede ser beneficioso para mejorar la calidad del sueño en los adultos mayores. La luz azul, presente en pantallas de teléfonos, tabletas, computadoras y televisores, puede interferir con la producción de melatonina, la hormona del sueño, y afectar los ritmos circadianos del cuerpo.

Los ritmos circadianos son los ciclos naturales de sueño y vigilia que regulan el reloj interno del cuerpo. La exposición a la luz brillante, especialmente en la noche, puede alterar estos ritmos, lo que dificulta conciliar el sueño y puede resultar en un descanso de menor calidad.

Por lo tanto, limitar la exposición a la luz artificial antes de acostarse puede ayudar a regular los ritmos circadianos y promover el sueño.

Se recomienda evitar el uso de dispositivos electrónicos al menos una hora antes de acostarse y optar por actividades relajantes como leer un libro, escuchar música suave o practicar técnicas de relajación.

Al reducir la exposición a la luz artificial antes de acostarse, los adultos mayores pueden facilitar la conciliación del sueño y mejorar la calidad del descanso, lo que contribuye a un envejecimiento saludable y al bienestar general.

Evitar la cafeína y la nicotina: Limitar el consumo de cafeína y nicotina, especialmente por la tarde y la noche, puede ayudar a reducir la dificultad para conciliar el sueño y mejorar la calidad del descanso.

Evitar la cafeína y la nicotina, especialmente en las horas cercanas al momento de acostarse, es importante para mejorar la calidad del sueño en los adultos mayores. La cafeína, presente en el café, el té, las bebidas energéticas y algunas sodas, es un estimulante que puede interferir con la capacidad de conciliar el sueño y provocar un sueño menos profundo y reparador.

De manera similar, la nicotina, presente en los cigarrillos y otros productos de tabaco, también actúa como estimulante y puede afectar negativamente el sueño.

Limitar el consumo de cafeína y nicotina, especialmente por la tarde y la noche, puede ayudar a reducir la dificultad para conciliar el sueño y mejorar la calidad del descanso. Se recomienda evitar el consumo de estas sustancias al menos varias horas antes de acostarse para permitir que el cuerpo tenga tiempo de metabolizarlas y reducir su impacto estimulante.

Al evitar la cafeína y la nicotina antes de acostarse, los adultos mayores pueden facilitar la conciliación del sueño y promover un sueño más profundo y reparador, lo que contribuye a un mejor bienestar general y a un envejecimiento saludable.

Manejar el estrés y la ansiedad: Practicar técnicas de relajación como la respiración profunda, la meditación o el yoga puede ayudar a reducir el estrés y la ansiedad, lo que facilita conciliar el sueño.

Manejar el estrés y la ansiedad es fundamental para mejorar la calidad del sueño en los adultos mayores. El estrés y la ansiedad pueden interferir con la capacidad de conciliar el sueño y provocar un descanso de menor calidad. Por lo tanto, es importante practicar técnicas de relajación para reducir el estrés y la ansiedad y promover un sueño más reparador.

La respiración profunda es una técnica simple pero efectiva que puede ayudar a reducir el estrés y la ansiedad.

Al practicar la respiración profunda, se envía una señal al cuerpo para relajarse, lo que puede facilitar la conciliación del sueño. La meditación y el yoga también son prácticas beneficiosas que pueden ayudar a calmar la mente y el cuerpo, reducir el estrés y mejorar la calidad del sueño.

Al practicar técnicas de relajación como la respiración profunda, la meditación o el yoga de manera regular, los adultos mayores pueden reducir el estrés y la ansiedad, lo que facilita conciliar el sueño y promueve un descanso más reparador y revitalizante. Incorporar estas prácticas en la rutina diaria puede tener beneficios significativos para el bienestar general y la calidad del sueño en la tercera edad.

Mantenerse activo durante el día: El ejercicio regular durante el día puede promover un sueño más profundo y reparador durante la noche. Sin embargo, es importante evitar el ejercicio intenso justo antes de acostarse, ya que puede tener el efecto contrario.

Mantenerse activo durante el día es crucial para mejorar la calidad del sueño en los adultos mayores. El ejercicio regular contribuye a promover un sueño más profundo y reparador durante la noche al agotar la energía acumulada y reducir la tensión muscular y el estrés. Además, el ejercicio regular puede ayudar a regular los ritmos circadianos del cuerpo, lo que puede facilitar la conciliación del sueño y mejorar la calidad del descanso.

Es importante destacar que el momento del ejercicio también juega un papel importante en su impacto en el sueño.

Si bien el ejercicio durante el día puede promover un sueño más profundo y reparador, se recomienda evitar el ejercicio intenso justo antes de acostarse, ya que puede aumentar la temperatura corporal y estimular el sistema nervioso, lo que puede dificultar la conciliación del sueño.

Por lo tanto, para aprovechar al máximo los beneficios del ejercicio para el sueño, es recomendable realizar actividades físicas moderadas a vigorosas durante el día y evitar el ejercicio intenso al menos varias horas antes de acostarse.

Al mantenerse activo durante el día y establecer una rutina regular de ejercicio, los adultos mayores pueden mejorar la calidad de su sueño y experimentar los beneficios de un descanso más reparador y revitalizante.

Abordar problemas de salud subyacentes: Algunas condiciones médicas como la apnea del sueño, el reflujo ácido o el síndrome de piernas inquietas pueden afectar la calidad del sueño en los adultos mayores. Es importante buscar tratamiento para estos problemas de salud subyacentes para mejorar la calidad del sueño.

Es fundamental abordar los problemas de salud subyacentes que pueden afectar la calidad del sueño en los adultos mayores. La apnea del sueño, el reflujo ácido y el síndrome de piernas inquietas son condiciones médicas comunes que pueden interferir con la conciliación del sueño y provocar un descanso de menor calidad.

La apnea del sueño es un trastorno en el que la respiración se interrumpe repetidamente durante el sueño debido a la obstrucción de las vías respiratorias. Esto puede provocar ronquidos fuertes, pausas en la respiración y somnolencia diurna excesiva. El tratamiento para la apnea del sueño puede incluir el uso de dispositivos de presión positiva continua en las vías respiratorias (CPAP) o cirugía en casos graves.

El reflujo ácido es un trastorno en el que el ácido del estómago retrocede hacia el esófago, causando ardor en el pecho y regurgitación ácida. Los síntomas del reflujo ácido pueden empeorar por la noche, lo que puede dificultar conciliar el sueño.

El tratamiento para el reflujo ácido puede incluir cambios en el estilo de vida, medicamentos y, en casos graves, cirugía.

El síndrome de piernas inquietas es un trastorno neurológico que causa sensaciones desagradables en las piernas y un impulso irresistible de moverlas, lo que puede interferir con el sueño. El tratamiento puede incluir medicamentos y medidas para aliviar los síntomas.

Al buscar tratamiento para estas condiciones médicas subyacentes, los adultos mayores pueden mejorar la calidad de su sueño y experimentar los beneficios de un descanso más reparador y revitalizante. Es importante consultar a un médico para recibir una evaluación adecuada y un plan de tratamiento personalizado.

Al adoptar estas estrategias y hacer ajustes en el estilo de vida, los adultos mayores pueden mejorar la calidad de su sueño y experimentar los beneficios de un descanso reparador y revitalizante. Si los problemas de sueño persisten, es importante consultar a un médico o especialista en sueño para recibir evaluación y tratamiento adicionales.

Creación de un entorno propicio para el descanso y la relajación

La creación de un entorno propicio para el descanso y la relajación es fundamental para promover un sueño de calidad y mejorar el bienestar en la tercera edad. Un ambiente adecuado puede ayudar a reducir el estrés, fomentar la relajación y facilitar la conciliación del sueño, lo que contribuye a un descanso reparador y revitalizante.

Para crear un entorno propicio para el descanso, es importante considerar varios aspectos del ambiente físico y emocional del dormitorio. En primer lugar, la temperatura y la ventilación adecuadas son clave para garantizar la comodidad durante el sueño. Se recomienda mantener la habitación fresca y bien ventilada, ya que una temperatura demasiado alta o baja puede dificultar la conciliación del sueño.

La iluminación también juega un papel importante en la creación de un ambiente relajante. Es importante reducir la exposición a la luz brillante, especialmente antes de acostarse, ya que la luz artificial puede interferir con la producción de melatonina, la hormona del sueño. Se recomienda utilizar cortinas opacas o persianas para bloquear la luz externa y evitar el uso de dispositivos electrónicos antes de dormir.

Además, es importante mantener el dormitorio libre de distracciones y ruidos molestos que puedan interrumpir el sueño. Se puede considerar el uso de tapones para los oídos o máquinas de ruido blanco para bloquear los sonidos externos y promover un ambiente tranquilo y sereno.

Por último, es importante crear una atmósfera relajante y acogedora en el dormitorio. Esto puede incluir el uso de colores suaves y relajantes en la decoración, la incorporación de elementos naturales como plantas o fuentes de agua, y la elección de ropa de cama cómoda y de alta calidad.

En conjunto, la creación de un entorno propicio para el descanso y la relajación es esencial para promover un sueño de calidad y mejorar el bienestar en la tercera edad. Al hacer ajustes simples en el ambiente físico y emocional del dormitorio, se puede facilitar la conciliación del sueño, reducir el estrés y promover un descanso reparador y revitalizante.

Capítulo 7:
Estimulación Mental para los Adultos Mayores

Destaquemos la importancia de mantener una mente activa y comprometida para promover la salud cognitiva y el bienestar emocional en la tercera edad.

La estimulación mental abarca una variedad de actividades diseñadas para desafiar y ejercitar el cerebro, manteniendo así sus funciones cognitivas en óptimas condiciones. Así que, exploramos cómo mantener una mente activa puede ayudar a prevenir el deterioro cognitivo y reducir el riesgo de desarrollar enfermedades neurodegenerativas como el Alzheimer y la demencia.

Mantener una mente activa puede ayudar a prevenir el deterioro cognitivo y reducir el riesgo de desarrollar enfermedades neurodegenerativas como el Alzheimer y la demencia al estimular y ejercitar constantemente el cerebro.

Participar en actividades que desafíen la mente, como resolver rompecabezas, aprender nuevas habilidades, leer libros o participar en juegos de mesa, ayuda a mantener las conexiones neuronales y promueve la plasticidad cerebral, lo que puede retrasar el proceso de deterioro cognitivo asociado con el envejecimiento.

Además, mantener una mente activa fomenta la creación de reservas cognitivas, que son las habilidades y recursos mentales acumulados a lo largo de la vida. Estas reservas pueden actuar como un amortiguador contra el deterioro cognitivo, permitiendo que el cerebro funcione de manera más eficiente y resiliente a medida que envejecemos.

Las actividades que desafían la mente también pueden mejorar la atención, la memoria, el razonamiento y la función ejecutiva, habilidades que son cruciales para mantener la independencia y la calidad de vida en la tercera edad. En conjunto, estos beneficios ayudan a proteger contra el desarrollo de enfermedades neurodegenerativas al mantener el cerebro saludable, activo y resistente al paso del tiempo.

Es importante poner en práctica diversas actividades que pueden ayudar a estimular la mente de los adultos mayores, como la lectura, los crucigramas, los rompecabezas, los juegos de mesa, el aprendizaje de nuevas habilidades, la escritura creativa y la participación en actividades sociales y culturales.

Es fundamental promover una variedad de actividades para estimular la mente de los adultos mayores, ya que cada actividad desafía diferentes aspectos cognitivos y emocionales, lo que contribuye a mantener una mente ágil y saludable en la tercera edad.

La lectura, por ejemplo, estimula la comprensión, la concentración y la imaginación, mientras que los crucigramas y los rompecabezas ejercitan la memoria, el pensamiento lógico y la resolución de problemas. Los juegos de mesa pueden mejorar las habilidades de planificación, toma de decisiones y trabajo en equipo, además de proporcionar entretenimiento y compañía.

El aprendizaje de nuevas habilidades, ya sea un nuevo idioma, un instrumento musical o una actividad artística, desafía al cerebro y fomenta la plasticidad neuronal, lo que puede tener efectos protectores contra el deterioro cognitivo. La escritura creativa estimula la expresión personal y la creatividad, mientras que la participación en actividades sociales y culturales promueve la conexión interpersonal, el sentido de pertenencia y el bienestar emocional.

Al ofrecer una variedad de actividades estimulantes, se brinda a los adultos mayores la oportunidad de mantenerse mentalmente activos y comprometidos, lo que puede tener beneficios significativos para la salud cognitiva, emocional y general en la etapa de la vejez.

Aprovechemos los beneficios de la tecnología en la estimulación mental, incluyendo el uso de aplicaciones y juegos diseñados específicamente para mejorar la función cognitiva del envejeciente.

Los avances tecnológicos han proporcionado herramientas poderosas para estimular la mente de los adultos mayores. El uso de aplicaciones y juegos diseñados específicamente para mejorar la función cognitiva ofrece una forma accesible y entretenida de mantener el cerebro activo y saludable en la tercera edad.

Estas aplicaciones y juegos suelen estar diseñados con actividades que desafían la memoria, la atención, el razonamiento y otras funciones cognitivas clave. Por ejemplo, pueden incluir rompecabezas, ejercicios de memoria, juegos de lógica y actividades de entrenamiento cerebral.

Además, muchas de estas aplicaciones ofrecen niveles de dificultad ajustables y seguimiento del progreso, lo que permite adaptar las actividades a las necesidades individuales y monitorear el rendimiento cognitivo a lo largo del tiempo.

Además de los beneficios cognitivos, el uso de tecnología para la estimulación mental puede proporcionar una experiencia divertida y gratificante, lo que aumenta la motivación y el compromiso del adulto mayor con las actividades.

Además, estas aplicaciones suelen ser accesibles desde dispositivos como teléfonos inteligentes y tabletas, lo que facilita su integración en la vida diaria.

Por lo que, aprovechar los beneficios de la tecnología en la estimulación mental puede ser una estrategia efectiva y atractiva para mantener la mente activa y promover la salud cognitiva en la tercera edad.

Cómo la estimulación mental no solo beneficia la salud cognitiva

La estimulación mental puede promover la salud emocional al proporcionar una sensación de logro, autonomía y conexión social.

No solo beneficia la salud cognitiva, sino que también tiene un impacto significativo en la salud emocional de los adultos mayores al proporcionar una sensación de logro, autonomía y conexión social.

En primer lugar, participar en actividades que desafíen la mente y que resulten en logros, como resolver un rompecabezas o aprender una nueva habilidad, puede aumentar la autoestima y la sensación de competencia. Estos logros pueden generar una sensación de satisfacción y orgullo personal, lo que contribuye positivamente a la salud emocional y al bienestar general.

Además, la estimulación mental ofrece una forma de mantener la autonomía y la independencia en la tercera edad. Al participar en actividades que requieren pensamiento crítico y toma de decisiones, los adultos mayores pueden mantener su sentido de control sobre sus vidas y su capacidad para enfrentar desafíos de manera efectiva.

Por último, la estimulación mental a menudo implica participar en actividades sociales y culturales, lo que puede fomentar la conexión social y el sentido de pertenencia.

Compartir intereses y experiencias con otros adultos mayores y participar en grupos de estudio, clubes de lectura o actividades recreativas puede ayudar a reducir el aislamiento social y promover relaciones significativas, lo que es vital para la salud emocional y el bienestar en la vejez.

En conjunto, la estimulación mental no solo fortalece las funciones cognitivas, sino que también promueve la salud emocional al proporcionar una sensación de logro, autonomía y conexión social en la tercera edad.

Estrategias para incorporar la estimulación mental en la vida diaria de los adultos mayores, así como la importancia de adaptar las actividades a los intereses y habilidades individuales.

Incorporar la estimulación mental en la vida diaria de los adultos mayores puede ser una parte integral de su rutina para mantener la salud cognitiva y emocional. Algunas estrategias para lograrlo incluyen:

Identificar intereses y habilidades: Es importante conocer los intereses y habilidades individuales de cada adulto mayor para seleccionar actividades que les resulten atractivas y desafiantes. Esto podría implicar preguntarles directamente sobre sus pasatiempos, experiencias previas o áreas de interés.

Identificar los intereses y habilidades individuales de los adultos mayores es crucial para diseñar actividades de estimulación mental que sean atractivas y desafiantes para ellos. Esto implica tomar en cuenta sus experiencias previas, pasatiempos y áreas de interés para adaptar las actividades a sus preferencias y capacidades.

Al preguntar directamente a los adultos mayores sobre sus intereses y pasatiempos, se les brinda la oportunidad de expresar sus preferencias y participar activamente en la selección de actividades que les resulten significativas. Además, esto les hace sentirse valorados y escuchados, lo que aumenta su motivación y compromiso con las actividades propuestas.

Además de preguntar directamente, también se puede observar las actividades en las que los adultos mayores demuestran interés o habilidad natural. Por ejemplo, si disfrutan de la jardinería o la cocina, se pueden diseñar actividades relacionadas con estas áreas para estimular su mente y fomentar su participación activa.

Así, al identificar los intereses y habilidades individuales de los adultos mayores, se puede diseñar un programa de estimulación mental personalizada y efectiva que promueva su bienestar cognitivo y emocional en la tercera edad.

Beneficios para el envejeciente de integrar estimulación en la rutina diaria:

 Incorporar actividades de estimulación mental en la rutina diaria de forma regular y consistente, ya sea un tiempo específico cada día o intercalando actividades a lo largo del día.

Integrar actividades de estimulación mental en la rutina diaria de los adultos mayores ofrece una serie de beneficios significativos para su salud cognitiva y emocional. Establecer un tiempo específico cada día o intercalar actividades a lo largo del día permite que la estimulación mental se convierta en una parte natural y habitual de su vida diaria.

Al hacer de la estimulación mental una parte regular de su rutina, los adultos mayores pueden experimentar una mejora en su función cognitiva, incluida la memoria, la atención y el razonamiento. Además, mantener la mente activa puede ayudar a prevenir el deterioro cognitivo asociado con el envejecimiento, lo que les permite mantener su independencia y calidad de vida.

Integrar la estimulación mental en la rutina diaria también puede proporcionar una sensación de estructura y propósito, lo que puede ser especialmente beneficioso para aquellos adultos mayores que se sienten desorientados o sin rumbo.

Además, participar en actividades estimulantes puede aumentar la autoestima y la satisfacción personal, promoviendo así el bienestar emocional en la tercera edad.

En resumen, integrar actividades de estimulación mental en la rutina diaria ofrece una serie de beneficios para los adultos mayores, incluida la mejora de la función cognitiva, la prevención del deterioro cognitivo, la sensación de estructura y propósito, y el fomento del bienestar emocional.

Adaptación a las necesidades individuales

Adaptar las actividades según las necesidades y capacidades individuales, ofreciendo niveles de dificultad ajustables y brindando apoyo adicional si es necesario.

La adaptación de actividades según las necesidades individuales es fundamental para garantizar que los adultos mayores puedan participar de manera efectiva y disfrutar de los beneficios de la estimulación mental. Esto implica ajustar los niveles de dificultad de las actividades y proporcionar el apoyo necesario para que cada persona pueda participar de manera significativa.

Ofrecer niveles de dificultad ajustables permite que los adultos mayores se desafíen de acuerdo con sus habilidades y capacidades. Algunas actividades pueden ser demasiado fáciles y aburridas, mientras que otras pueden resultar demasiado difíciles y frustrantes. Adaptar la dificultad de las actividades garantiza que sean lo suficientemente desafiantes como para estimular la mente, pero no tan abrumadoras como para desmotivar a los participantes.

Además, brindar apoyo adicional es esencial para aquellos adultos mayores que pueden necesitar asistencia para participar plenamente en las actividades.

Esto podría implicar proporcionar instrucciones claras y sencillas, ofrecer orientación individualizada o adaptar el entorno para satisfacer las necesidades específicas de cada persona, como la movilidad reducida o la pérdida de audición.

Fomentar la participación social: Promover la participación en actividades sociales y grupales que impliquen interacción con otras personas, como clubes de lectura, grupos de estudio o clases de arte, para fomentar la conexión social y el bienestar emocional.

Fomentar la participación social entre los adultos mayores es crucial para promover su bienestar emocional y su salud general.

Esto se logra al promover actividades que impliquen interacción con otras personas, lo que ayuda a combatir el aislamiento social y fomentar un sentido de conexión y pertenencia.

Organización de actividades grupales: Establecer grupos de actividades como clubes de lectura, grupos de estudio, clases de arte, o sesiones de ejercicios en grupo, que brinden a los adultos mayores la oportunidad de socializar mientras participan en actividades de su interés. Es de suma importancia para los adultos mayores por varias razones fundamentales:

Establecer grupos de actividades como clubes de lectura, grupos de estudio, clases de arte o sesiones de ejercicios en grupo es de suma importancia para los adultos mayores por varias razones fundamentales. Primero, promueve la interacción social, ayudando a combatir el aislamiento y la soledad, problemas comunes en la tercera edad.

Estas actividades ofrecen la oportunidad de establecer nuevas amistades, fortalecer relaciones existentes y disfrutar de la compañía de otros. Además, estimulan la mente y promueven el aprendizaje continuo, lo que es crucial para mantener la agudeza mental y prevenir el deterioro cognitivo.

Al participar en actividades de su interés, como la lectura, el arte o el ejercicio, los adultos mayores también experimentan un aumento en su bienestar emocional y calidad de vida. Por último, estas actividades promueven un estilo de vida activo, lo que contribuye a una mejor salud física y emocional al liberar endorfinas, reducir el estrés y mejorar el estado de ánimo.

Promoción de la interacción social: Estas actividades proporcionan un entorno propicio para que los adultos mayores interactúen entre sí. La socialización es esencial para combatir el aislamiento y la soledad, que son problemas comunes en la tercera edad. Al participar en actividades grupales, los adultos mayores tienen la oportunidad de establecer nuevas amistades, fortalecer relaciones existentes y disfrutar de la compañía de otros.

La promoción de la interacción social a través de actividades grupales ofrece un entorno propicio para que los adultos mayores interactúen entre sí, lo cual es fundamental para contrarrestar el aislamiento y la soledad, problemas comunes en la tercera edad.

Al participar en estas actividades, los adultos mayores tienen la oportunidad de establecer nuevas amistades, fortalecer relaciones existentes y disfrutar de la compañía de otros.

La socialización no solo proporciona una sensación de pertenencia y conexión, sino que también contribuye al bienestar emocional y la calidad de vida.

El compartir experiencias y emociones con otros puede ser gratificante y ofrecer un sentido de apoyo mutuo. Además, la interacción social puede estimular la mente, promover la actividad física y ayudar a mantener una actitud positiva hacia la vida.

Estímulo cognitivo: Las actividades grupales fomentan el intercambio de ideas, el debate y la colaboración, lo que estimula la mente y promueve el aprendizaje continuo. Los clubes de lectura y los grupos de estudio, por ejemplo, ofrecen la oportunidad de discutir temas interesantes y expandir el conocimiento. Esto es especialmente importante para mantener la agudeza mental y prevenir el deterioro cognitivo en la vejez.

El estímulo cognitivo proporcionado por las actividades grupales es esencial para mantener la agudeza mental y prevenir el deterioro cognitivo en la vejez. Estas actividades fomentan el intercambio de ideas, el debate y la colaboración, lo que estimula la mente y promueve el aprendizaje continuo.

Por ejemplo, los clubes de lectura y los grupos de estudio ofrecen la oportunidad de discutir temas interesantes y expandir el conocimiento.

Participar en estas actividades ayuda a mantener la mente activa, lo que puede mejorar la memoria, la capacidad de atención y otras funciones cognitivas.

Además, el intercambio de ideas con otros estimula el pensamiento crítico y la resolución de problemas. El estímulo cognitivo proporcionado por las actividades grupales no solo es beneficioso para mantener la agudeza mental, sino que también puede mejorar la calidad de vida de los adultos mayores al brindarles una sensación de logro y satisfacción intelectual.

Bienestar emocional: Participar en actividades que son de interés para ellos y que disfrutan puede mejorar el estado de ánimo y la calidad de vida de los adultos mayores. Las clases de arte, por ejemplo, permiten la expresión creativa y la exploración personal, lo que puede tener un impacto positivo en la salud emocional y el bienestar general.

El bienestar emocional de los adultos mayores se ve beneficiado al participar en actividades que son de su interés y que disfrutan. Por ejemplo, las clases de arte ofrecen una plataforma para la expresión creativa y la exploración personal, lo que puede tener un impacto significativo en su salud emocional y bienestar general.

Al involucrarse en actividades que les brindan satisfacción y placer, los adultos mayores experimentan una mejora en su estado de ánimo y una mayor sensación de bienestar.

La creatividad y la expresión artística les permiten canalizar sus emociones de manera constructiva, lo que puede ayudarles a lidiar con el estrés, la ansiedad y otros desafíos emocionales relacionados con el envejecimiento.

Además, estas actividades proporcionan una sensación de logro y realización personal, lo que contribuye a su autoestima y sentido de propósito.

En resumen, participar en actividades como las clases de arte no solo ofrecen una salida creativa, sino que también promueve el bienestar emocional y la calidad de vida de los adultos mayores.

Promoción de un estilo de vida activo: Las sesiones de ejercicios en grupo ofrecen una forma divertida y motivadora de mantenerse físicamente activo.

El ejercicio regular no solo es beneficioso para la salud física, sino que también contribuye al bienestar emocional al liberar endorfinas, reducir el estrés y mejorar el estado de ánimo.

La promoción de un estilo de vida activo mediante sesiones de ejercicios en grupo ofrece una forma divertida y motivadora para que los adultos mayores se mantengan físicamente activos.

El ejercicio regular no solo beneficia la salud física, sino que también contribuye al bienestar emocional al liberar endorfinas, reducir el estrés y mejorar el estado de ánimo. Estas sesiones de ejercicios no solo proporcionan los beneficios físicos del ejercicio, como mejorar la fuerza, la flexibilidad y la resistencia, sino que también ofrecen una oportunidad para la socialización y el apoyo mutuo.

La conexión con otros participantes y el sentido de comunidad que se desarrolla en estas sesiones puede ser muy gratificante y motivador. Además, el ejercicio en grupo puede aumentar la adherencia al programa de ejercicio, ya que proporciona una estructura, un sentido de pertenencia y un estímulo adicional para mantenerse activo.

Establecer grupos de actividades que fomenten la socialización y el compromiso en áreas de interés es esencial para el bienestar integral de los adultos mayores, ya que promueve la salud emocional, cognitiva y física, al tiempo que proporciona un sentido de comunidad y conexión con los demás.

Proporcionar retroalimentación positiva

Reconocer y elogiar los esfuerzos y logros de los adultos mayores en sus actividades de estimulación mental para reforzar su motivación y autoestima.

Proporcionar retroalimentación positiva a los adultos mayores en sus actividades de estimulación mental es fundamental para reforzar su motivación, autoestima y sentido de logro. La retroalimentación positiva reconoce y celebra los esfuerzos y logros de los adultos mayores, lo que les brinda una sensación de satisfacción y valoración.

Cuando los adultos mayores reciben elogios y reconocimiento por sus esfuerzos, se sienten motivados a continuar participando en actividades de estimulación mental. Esto les proporciona un sentido de propósito y les anima a seguir desafiándose a sí mismos, lo que puede tener un impacto positivo en su salud cognitiva y emocional.

La retroalimentación positiva también ayuda a mejorar la autoestima de los adultos mayores al reforzar su confianza en sí mismos y en sus habilidades.

Les hace sentirse valorados y apreciados, lo que contribuye a su bienestar emocional y a una actitud positiva hacia el envejecimiento.

Al adaptar las actividades de estimulación mental a los intereses y habilidades individuales, se puede fomentar una participación más activa y significativa, lo que contribuye a mantener una mente activa y saludable en la tercera edad.

Por qué es beneficioso mantenerse mentalmente activo en la vejez

Mantenerse mentalmente activo en la vejez es beneficioso por varias razones fundamentales. En primer lugar, estimula el cerebro y promueve la neuroplasticidad, que es la capacidad del cerebro para adaptarse y cambiar a lo largo de la vida.

Participar en actividades intelectuales desafiantes, como resolver crucigramas, leer, aprender un nuevo idioma o tocar un instrumento musical, como ya hemos dicho antes, ayuda a mantener las conexiones neuronales activas y puede retrasar el deterioro cognitivo relacionado con la edad.

Además, mantenerse mentalmente activo en la vejez puede mejorar la memoria, la concentración y otras funciones cognitivas. Al enfrentarse a nuevas tareas y desafíos intelectuales, se fortalecen las habilidades cognitivas y se estimulan diferentes áreas del cerebro, lo que puede ayudar a preservar la agudeza mental.

Mantenerse mentalmente activo en la vejez es crucial para mejorar la memoria, la concentración y otras funciones cognitivas. Al enfrentarse a nuevas tareas y desafíos intelectuales, se fortalecen las conexiones neuronales y se estimulan diferentes áreas del cerebro, lo que puede ayudar a preservar la agudeza mental a medida que envejecemos.

Cuando nos enfrentamos a nuevas actividades intelectuales, como aprender un nuevo idioma, resolver rompecabezas o aprender a tocar un instrumento musical, estamos desafiando a nuestro cerebro de maneras que pueden ser muy beneficiosas. Estos desafíos estimulan el cerebro y promueven la neuroplasticidad, que es la capacidad del cerebro para adaptarse y cambiar a lo largo de la vida.

Además, la actividad mental constante ayuda a mantener las conexiones neuronales activas y puede prevenir o retrasar el deterioro cognitivo relacionado con la edad, como el Alzheimer y otras formas de demencia.

Por lo tanto, mantenerse mentalmente activo en la vejez no solo es beneficioso para mejorar la memoria y la concentración, sino que también puede tener un impacto positivo en la salud general del cerebro y ayudar a preservar la función cognitiva a medida que envejecemos.

La actividad mental también puede tener un impacto positivo en el bienestar emocional al proporcionar una sensación de logro, propósito y satisfacción. Mantenerse comprometido con actividades intelectuales significativas puede aumentar la autoestima y la autoconfianza, así como reducir el estrés y la ansiedad.

Capítulo 8:
Sentido de Propósito del Envejeciente y Planificación para su propio Futuro

Ahora abordamos la importancia de cultivar un sentido de propósito y significado en la vida durante la etapa de la vejez, así como la necesidad de realizar una planificación cuidadosa para el futuro.

En primer lugar, analizamos cómo encontrar un sentido de propósito en la vejez puede contribuir al bienestar emocional y la calidad de vida. Tener un propósito claro puede proporcionar dirección, motivación y satisfacción personal, ayudando a los adultos mayores a sentirse más comprometidos y conectados con el mundo que les rodea.

En la vejez, encontrar un sentido de propósito es fundamental para el bienestar emocional y la calidad de vida de los adultos mayores. Tener un propósito claro en la vida les brinda dirección, motivación y una sensación de satisfacción personal. Cuando los adultos mayores tienen un propósito significativo, se sienten más comprometidos y conectados con el mundo que les rodea.

El sentido de propósito puede manifestarse de diversas formas, como el compromiso con actividades de voluntariado, el cuidado de la familia, el cultivo de pasatiempos o la búsqueda de objetivos personales. Estas actividades les brindan a los adultos mayores un sentido de pertenencia y significado, lo que a su vez contribuye a su bienestar emocional.

Cuando las personas tienen un propósito claro en la vida, están más motivadas para enfrentar los desafíos y superar las dificultades, en este caso las dificultades propias de la edad. Esto les ayuda a mantener una actitud positiva y optimista frente a la vida, incluso en momentos de adversidad.

Así que, están más propensos a enfrentar los desafíos inherentes al envejecimiento con determinación y resiliencia. Este sentido de propósito actúa como un motor interno que impulsa su motivación y les proporciona un marco de referencia para superar las dificultades propias de la edad.

Al tener claro hacia dónde se dirigen y qué es lo que desean lograr, mantienen una actitud positiva y optimista frente a la vida, incluso cuando se enfrentan a momentos difíciles.

Esta motivación propia les permite mantenerse enfocados en sus metas y objetivos, lo que les brinda una sensación de dirección y significado en sus vidas.

Además, el propósito claro actúa como un amortiguador emocional durante períodos de adversidad, proporcionándoles la fuerza y la resistencia necesarias para sobrellevar los desafíos que puedan surgir.

En lugar de sucumbir ante la desesperanza, las personas con un propósito claro encuentran la determinación para seguir adelante y encontrar soluciones creativas a los obstáculos que enfrentan en su camino hacia el envejecimiento saludable y satisfactorio.

Además, el sentido de propósito puede fortalecer las relaciones interpersonales y promover una sensación de conexión con los demás y con la comunidad en general.

Cuan interesante es la planificación financiera, la planificación de atención médica, la elaboración de testamentos y directivas anticipadas, y la planificación de jubilación. Se enfatiza la importancia de abordar estos asuntos de manera proactiva para garantizar la seguridad financiera, el acceso a la atención médica adecuada y el control sobre las decisiones futuras.

La planificación financiera, la planificación de atención médica, la elaboración de testamentos y directivas anticipadas, y la planificación de jubilación son aspectos fundamentales para garantizar el bienestar y la seguridad de los adultos mayores.

Estas actividades no solo son cruciales desde el punto de vista práctico, sino que también ofrecen tranquilidad emocional y permiten a los individuos tener un mayor control sobre su futuro.

La planificación financiera implica evaluar y gestionar los recursos económicos disponibles, asegurando así la estabilidad financiera a lo largo de la vida. Esto incluye la gestión de ahorros, inversiones, seguros y la elaboración de un presupuesto que se ajuste a las necesidades futuras.

La planificación de atención médica implica anticipar y prepararse para posibles necesidades médicas en el futuro. Esto puede implicar la compra de seguros de salud adecuados, la investigación de opciones de atención a largo plazo y la designación de un cuidador en caso de ser necesario.

La elaboración de testamentos y directivas anticipadas permite a los adultos mayores especificar sus deseos sobre el manejo de sus bienes y asuntos médicos en caso de enfermedad o incapacidad. Esto garantiza que sus deseos sean respetados y alivia la carga emocional de los familiares en momentos difíciles.

Finalmente, la planificación de jubilación implica evaluar las fuentes de ingresos disponibles durante la jubilación, como pensiones, planes de jubilación y seguridad social, y desarrollar estrategias para administrar estos recursos de manera efectiva.

Abordar estos aspectos de manera proactiva es esencial para garantizar la seguridad financiera, el acceso a la atención médica adecuada y el control sobre las decisiones futuras, lo que contribuye significativamente al bienestar integral de los adultos mayores.

Importancia de tener metas y aspiraciones en la vejez

Tener metas y aspiraciones en la vejez es fundamental para mantener un sentido de propósito y satisfacción en la vida. Aunque algunas personas puedan asociar la idea de fijarse metas con la juventud o la mediana edad, es igualmente importante en las etapas posteriores de la vida. Aquí hay algunas razones por las que tener metas y aspiraciones en la vejez es crucial:

Sentido de propósito: Establecer metas proporciona un sentido de propósito y dirección en la vida. Esto puede ayudar a los adultos mayores a mantenerse enfocados y motivados, incluso cuando enfrentan desafíos o cambios en su salud o estilo de vida.

El sentido de propósito es fundamental para el bienestar emocional y psicológico de los adultos mayores. Establecer metas les brinda un propósito claro y una dirección en la vida, lo que puede ser especialmente importante durante esta etapa de transición y ajuste.

Cuando las personas tienen objetivos claros hacia los cuales trabajar, tienen un motivo para levantarse por la mañana y enfrentar cada día con determinación y optimismo.

Para los adultos mayores, que a menudo enfrentan desafíos como cambios en la salud, la jubilación o la pérdida de seres queridos, tener un sentido de propósito puede ser aún más vital.

Les ayuda a mantenerse enfocados en lo que es importante para ellos y a encontrar significado en sus actividades diarias. Este sentido de propósito actúa como un faro que los guía a través de momentos difíciles, proporcionándoles la motivación necesaria para superar obstáculos y adaptarse a nuevas circunstancias.

Establecer metas ofrece a los adultos mayores un sentido de propósito y dirección en la vida, lo que les permite mantenerse enfocados, motivados y comprometidos con sus objetivos a pesar de los desafíos que puedan enfrentar. Esto contribuye en gran medida a su bienestar general y calidad de vida.

Bienestar emocional: Tener metas y aspiraciones puede contribuir significativamente al bienestar emocional. Lograr metas, ya sean pequeñas o grandes, puede generar sentimientos de logro, satisfacción y autoestima, lo que a su vez puede reducir el riesgo de depresión y ansiedad.

El bienestar emocional es crucial para una vida plena y satisfactoria, especialmente en la vejez. Establecer metas y aspiraciones puede desempeñar un papel importante en el mantenimiento de este bienestar.

Cuando los adultos mayores tienen metas claras y alcanzables, experimentan una sensación de logro cada vez que dan un paso hacia su realización. Este sentido de logro no solo aumenta su autoestima y confianza en sí mismos, sino que también les proporciona una fuente constante de satisfacción y alegría.

Al perseguir sus metas, los adultos mayores pueden sentirse más comprometidos con la vida y tener un sentido de propósito más sólido, lo que les ayuda a superar los momentos difíciles con mayor resiliencia.

Este compromiso activo con sus objetivos puede actuar como una especie de amortiguador contra la depresión y la ansiedad, ya que les brinda un enfoque positivo y constructivo en sus vidas.

Resumiendo, tener metas y aspiraciones en la vejez puede contribuir significativamente al bienestar emocional al proporcionar una fuente constante de satisfacción, logro y propósito. Esto puede ayudar a reducir el riesgo de problemas de salud mental y mejorar la calidad de vida en general.

Salud mental y cognitiva: Mantener la mente activa y comprometida en la búsqueda de metas puede ayudar a preservar la agudeza mental y cognitiva en la vejez. Esto puede incluir aprender nuevas habilidades, participar en actividades intelectualmente estimulantes y desafiarse a uno mismo de manera regular.

Mantener la mente activa y comprometida en la búsqueda de metas es fundamental para preservar la salud mental y cognitiva en la vejez. Cuando los adultos mayores se comprometen en actividades que desafían su mente, como aprender nuevas habilidades o participar en actividades intelectualmente estimulantes, están ejercitando sus capacidades cognitivas y neuronales.

La neuroplasticidad, la capacidad del cerebro para adaptarse y cambiar a lo largo de la vida, es un proceso que se mantiene activo incluso en la vejez. Al enfrentarse a nuevos desafíos y aprender nuevas cosas, se estimulan las conexiones neuronales, se fortalecen las áreas del cerebro relacionadas con el aprendizaje y la memoria, y se promueve la agudeza mental.

Además, el compromiso con metas y actividades desafiantes puede ayudar a mantener la motivación y la autoestima en la vejez.

El logro de estas metas proporciona una sensación de satisfacción y logro personal, lo que puede tener un impacto positivo en el bienestar emocional y mental.

Conexión social: Establecer metas también puede fomentar la conexión social al involucrarse en actividades grupales o proyectos comunitarios. Esto puede proporcionar oportunidades para interactuar con otros, compartir intereses y experiencias, y cultivar relaciones significativas.

Establecer metas puede fomentar la conexión social al involucrarse en actividades grupales o proyectos comunitarios. Al participar en estas actividades, los adultos mayores tienen la oportunidad de interactuar con otros, compartir intereses y experiencias, y cultivar relaciones significativas.

La conexión social es fundamental para el bienestar emocional y la salud mental en la vejez. Tener relaciones sociales sólidas y significativas puede proporcionar un sentido de pertenencia, apoyo emocional y compañerismo. Al establecer metas y participar en actividades grupales, los adultos mayores pueden ampliar su círculo social y fortalecer sus lazos con la comunidad.

Además, el trabajo en equipo y la colaboración en proyectos comunitarios pueden proporcionar una sensación de propósito compartido y contribución a un objetivo común.

Esto puede aumentar la autoestima y el sentido de valía personal, especialmente cuando los adultos mayores se sienten valorados y apreciados por su participación.

Tener metas y aspiraciones en la vejez es esencial para mantener un sentido de propósito, promover el bienestar emocional y cognitivo, y fomentar la conexión social.

No importa la edad, siempre es posible establecer nuevas metas y trabajar hacia ellas para disfrutar de una vida plena y significativa.

Planificación financiera y legal del envejeciente

Planificar para garantizar la seguridad futura inclusive la jubilación. La planificación financiera y legal del envejeciente es fundamental para garantizar su seguridad futura, incluida una jubilación cómoda y tranquila.

Este proceso implica tomar medidas proactivas para administrar adecuadamente los recursos financieros y establecer disposiciones legales que protejan los intereses y deseos del individuo en la tercera edad.

En primer lugar, la planificación financiera implica evaluar la situación económica actual del envejeciente y establecer metas financieras realistas para el futuro. Esto puede incluir la creación de un presupuesto, la gestión de ahorros e inversiones, y la elaboración de un plan de jubilación que garantice un flujo de ingresos sostenible durante los años dorados.

Además, la planificación legal abarca la redacción de documentos legales importantes, como testamentos, poderes notariales, directivas anticipadas y documentos de planificación patrimonial.

Estos documentos son fundamentales para garantizar que los deseos del envejeciente sean respetados en caso de incapacidad o fallecimiento, y pueden ayudar a evitar disputas familiares y complicaciones legales.

La planificación financiera y legal también puede involucrar la consideración de cuestiones relacionadas con el cuidado a largo plazo, como la compra de seguros de salud a largo plazo o la creación de fideicomisos de cuidado a largo plazo para proteger los activos familiares.

En resumen, la planificación financiera y legal del envejeciente es esencial para garantizar su seguridad futura y proteger sus intereses y bienestar en la tercera edad. Al tomar medidas proactivas en estos ámbitos, los adultos mayores pueden disfrutar de una jubilación tranquila y asegurarse de que sus deseos sean cumplidos en el futuro.

Cultivo de un sentido de propósito y significado en la vida de las personas envejecientes

 El cultivo de un sentido de propósito y significado en la vida de las personas envejecientes es crucial para su bienestar emocional y su calidad de vida en la tercera edad. Tener un propósito claro y sentir que la vida tiene un significado profundo puede proporcionar dirección, motivación y satisfacción personal a medida que avanzan en esta etapa de la vida.

En primer lugar, cultivar un sentido de propósito implica reflexionar sobre los valores personales, las pasiones y las metas que dan forma a la identidad del individuo.

Esto puede implicar explorar actividades y relaciones que brinden un sentido de realización y contribución al mundo que les rodea. Por ejemplo, dedicarse al voluntariado, compartir sabiduría y experiencias con las generaciones más jóvenes o participar en proyectos comunitarios pueden ayudar a nutrir este sentido de propósito.

Además, el cultivo de un sentido de significado puede involucrar la búsqueda de actividades que aporten satisfacción emocional y espiritual.

Esto podría incluir la práctica de la gratitud, la conexión con la naturaleza, el desarrollo de la creatividad o la exploración de la espiritualidad.

El sentido de propósito y significado también puede encontrarse en el mantenimiento de relaciones significativas con amigos, familiares y la comunidad. El apoyo social y las conexiones significativas pueden brindar consuelo, apoyo emocional y un sentido de pertenencia que enriquece la vida de las personas envejecientes.

En sentido general, el cultivo de un sentido de propósito y significado en la vida de las personas envejecientes es fundamental para su bienestar emocional y su calidad de vida en la tercera edad.

Al encontrar actividades, relaciones y valores que les den un sentido de propósito, las personas mayores pueden experimentar una vida plena y significativa a medida que envejecen.

Capítulo 9:
7 Acciones Claves para la Longevidad

Siete acciones fundamentales que pueden ayudarte a vivir una vida más larga y saludable. Desde el cuidado de tu cuerpo hasta el manejo del estrés, aquí encontrarás consejos prácticos para maximizar tu bienestar y disfrutar al máximo de la vida.

Clave 1.-Mantener un Estilo de Vida Activo ayuda la Longevidad:

- Realiza ejercicio regularmente, como caminar, nadar o practicar yoga.

Mantener un estilo de vida activo es fundamental para promover la longevidad y mejorar la calidad de vida en general. La actividad física regular, como caminar, nadar o practicar yoga, ofrece una amplia gama de beneficios para la salud que pueden contribuir a vivir más tiempo y de manera más saludable.

El ejercicio regular ayuda a mantener un peso saludable, reduce el riesgo de enfermedades crónicas como la diabetes tipo 2, la hipertensión arterial y las enfermedades cardíacas, y mejora la salud mental al reducir el estrés y la ansiedad. Además, fortalece los músculos y los huesos, lo que puede ayudar a prevenir caídas y lesiones, especialmente en adultos mayores.

Al mantenerse físicamente activo, se promueve una mejor circulación sanguínea y una mayor capacidad pulmonar, lo que contribuye a un sistema cardiovascular más saludable. También se estimula el sistema inmunológico, lo que puede ayudar a combatir enfermedades e infecciones.

Además de los beneficios físicos, el ejercicio regular también puede mejorar el estado de ánimo y la calidad del sueño, lo que contribuye a una mejor salud emocional y mental en general.

- Incorpora actividad física en tu rutina diaria para fortalecer los músculos y mejorar la salud cardiovascular.

Mantener un estilo de vida activo es una de las claves fundamentales para promover la longevidad y disfrutar de una vida saludable. Incorporar actividad física regular en la rutina diaria no solo fortalece los músculos y mejora la salud cardiovascular, sino que también ofrece una amplia gama de beneficios para la salud.

La actividad física regular ayuda a mantener un peso saludable, reduce el riesgo de enfermedades crónicas como la diabetes tipo 2, la hipertensión arterial y las enfermedades cardíacas. Además, fortalece los huesos, lo que puede prevenir la osteoporosis y reducir el riesgo de lesiones por caídas.

Al realizar ejercicio regularmente, se mejora la circulación sanguínea y se aumenta la capacidad pulmonar, lo que contribuye a un sistema cardiovascular más saludable. Esto puede reducir el riesgo de accidentes cerebrovasculares, ataques cardíacos y otras enfermedades relacionadas con el corazón.

Además de los beneficios físicos, la actividad física también tiene un impacto positivo en la salud mental. Ayuda a reducir el estrés, la ansiedad y la depresión, mejora el estado de ánimo y promueve una sensación general de bienestar.

Por eso, mantener un estilo de vida activo y realizar ejercicio regularmente es esencial para promover la longevidad y disfrutar de una vida plena y saludable. Incorporar actividad física en la rutina diaria es una inversión en la salud presente y futura.

- Encuentra actividades que disfrutes y te mantengan activo, ¡diversión y ejercicio van de la mano!

Mantener un estilo de vida activo es esencial para promover la longevidad y disfrutar de una vida saludable. Sin embargo, a veces puede ser un desafío mantenerse motivado para hacer ejercicio regularmente. Una forma efectiva de superar este obstáculo es encontrar actividades que te diviertan y te mantengan activo al mismo tiempo.

La clave está en encontrar actividades que disfrutes y que te hagan sentir bien mientras te ejercitas. Esto puede incluir una amplia variedad de opciones, desde caminar al aire libre hasta bailar, practicar deportes, hacer jardinería o participar en clases de fitness grupales. La variedad es fundamental para mantener el interés y la motivación a largo plazo.

Cuando combinas diversión y ejercicio, se vuelve mucho más fácil incorporar la actividad física en tu rutina diaria. No solo estarás trabajando en tu salud física, sino que también estarás disfrutando del proceso, lo que hará que sea más probable que te mantengas comprometido a largo plazo.

Además, al encontrar actividades que disfrutes, es más probable que las integres naturalmente en tu estilo de vida, en lugar de verlas como una tarea o una obligación. Esto puede hacer que el ejercicio se sienta menos como un trabajo y más como una parte gratificante y enriquecedora de tu día a día.

Clave 2.- Alimentación Balanceada y Nutritiva Prolongan la Vida

- Prioriza una dieta rica en frutas, verduras, granos enteros y proteínas magras.

Una alimentación balanceada y nutritiva es fundamental para prolongar la vida y mantener una buena salud a lo largo del tiempo. Priorizar una dieta rica en frutas, verduras, granos enteros y proteínas magras proporciona al cuerpo los nutrientes necesarios para funcionar correctamente y mantenerse en óptimas condiciones.

Las frutas y verduras son ricas en vitaminas, minerales, fibra y antioxidantes, que ayudan a fortalecer el sistema inmunológico, prevenir enfermedades crónicas y mantener la salud cardiovascular. Los granos enteros, como el arroz integral, la quinua y la avena, son excelentes fuentes de carbohidratos complejos y fibra, que proporcionan energía sostenida y contribuyen a una digestión saludable.

Por otro lado, las proteínas magras, como el pollo, pescado, tofu y legumbres, son fundamentales para la reparación y el crecimiento muscular, así como para la producción de enzimas y hormonas. También ayudan a mantener la saciedad y a controlar el peso corporal.

Al priorizar estos alimentos en tu dieta diaria, estás proporcionando a tu cuerpo los nutrientes esenciales que necesita para funcionar de manera óptima y para mantener una buena salud a largo plazo. Además, una alimentación balanceada y nutritiva puede ayudar a prevenir enfermedades crónicas, mejorar la calidad de vida y prolongar la esperanza de vida.

- Limita el consumo de alimentos procesados, azúcares y grasas saturadas.

Para prolongar la vida y mantener una buena salud, es fundamental adoptar una alimentación balanceada y nutritiva, lo cual implica limitar el consumo de alimentos procesados, azúcares y grasas saturadas. Estos alimentos suelen carecer de nutrientes esenciales y pueden contribuir al desarrollo de enfermedades crónicas, como la obesidad, la diabetes tipo 2, las enfermedades cardíacas y ciertos tipos de cáncer.

Los alimentos procesados, como los alimentos envasados, las comidas rápidas y los refrigerios procesados, suelen contener altos niveles de sodio, grasas trans y aditivos artificiales, los cuales pueden ser perjudiciales para la salud cardiovascular y metabólica a largo plazo.

Además, suelen ser bajos en fibra y otros nutrientes importantes, lo que puede llevar a deficiencias nutricionales y aumento de peso no deseado.

Asimismo, el consumo excesivo de azúcares añadidos, presentes en bebidas azucaradas, postres, dulces y alimentos procesados, puede contribuir al desarrollo de obesidad, resistencia a la insulina y enfermedades metabólicas.

Las grasas saturadas, presentes en alimentos como la carne roja, los productos lácteos ricos en grasa y los alimentos fritos, pueden aumentar el riesgo de enfermedades cardíacas y elevar los niveles de colesterol en sangre.

Por lo tanto, al limitar el consumo de estos alimentos y optar por opciones más saludables y naturales, como frutas, verduras, granos enteros, proteínas magras y grasas saludables, se puede mejorar la salud y prolongar la vida.

Una alimentación balanceada y nutritiva proporciona al cuerpo los nutrientes necesarios para funcionar correctamente y prevenir enfermedades, promoviendo así una vida más larga y saludable.

- Mantén un equilibrio adecuado entre las porciones y las calorías para mantener un peso saludable.

Una alimentación balanceada y nutritiva es fundamental para prolongar la vida y mantener una buena salud. Una de las claves para lograrlo es mantener un equilibrio adecuado entre las porciones y las calorías consumidas, lo que ayuda a mantener un peso saludable.

Cuando se trata de mantener un peso saludable, es importante considerar tanto la cantidad como la calidad de los alimentos que se consumen. Mantener un equilibrio adecuado entre las porciones y las calorías significa consumir la cantidad de alimentos que el cuerpo necesita para funcionar correctamente y obtener la energía necesaria, sin excederse en las calorías que se ingieren.

Para lograr este equilibrio, es útil prestar atención a las porciones recomendadas de diferentes grupos de alimentos, como frutas, verduras, proteínas, granos enteros y grasas saludables.

También es importante controlar el tamaño de las porciones y evitar comer en exceso, lo que puede conducir al aumento de peso y a problemas de salud relacionados, como la obesidad, la diabetes tipo 2 y las enfermedades cardíacas.

Además, es importante elegir alimentos nutritivos y saludables en lugar de opciones altas en calorías pero bajas en nutrientes, como alimentos procesados, azúcares añadidas y grasas saturadas.

Optar por alimentos ricos en nutrientes, como frutas y verduras frescas, proteínas magras, granos enteros y grasas saludables, proporciona al cuerpo los nutrientes esenciales que necesita para funcionar correctamente y mantenerse saludable a largo plazo.

Clave 3.- Cuidado de la Salud Mental

- Practica técnicas de manejo del estrés, como la meditación, la respiración profunda y el yoga.

El cuidado de la salud mental es crucial para mantener un bienestar integral. Una de las acciones clave para ello es practicar técnicas de manejo del estrés. Estas técnicas pueden incluir la meditación, la respiración profunda y el yoga, entre otras.

La meditación es una práctica que implica enfocar la mente en un objeto, pensamiento o actividad, con el objetivo de entrenar la atención y lograr un estado de conciencia plena. La meditación puede ayudar a reducir el estrés, calmar la mente y mejorar la claridad mental.

La respiración profunda es una técnica simple pero efectiva para reducir el estrés y promover la relajación. Consiste en respirar lenta y profundamente, inhalando por la nariz y exhalando por la boca, lo que ayuda a calmar el sistema nervioso y a reducir la ansiedad.

El yoga es una práctica física y mental que combina posturas corporales, respiración y meditación para promover la salud y el bienestar. El yoga puede ayudar a reducir el estrés, mejorar la flexibilidad y la fuerza muscular, y promover la relajación.

Al practicar estas técnicas de manejo del estrés de manera regular, se puede mejorar la capacidad para manejar las tensiones diarias, reducir la ansiedad y mejorar el bienestar emocional en general.

Integrar estas prácticas en la rutina diaria puede contribuir significativamente al cuidado de la salud mental a lo largo del tiempo.

- Busca apoyo emocional cuando sea necesario, ya sea a través de amigos, familiares o profesionales de la salud mental.

El segundo punto de la clave 3, referente al cuidado de la salud mental, destaca la importancia de buscar apoyo emocional cuando sea necesario. Esta acción implica reconocer cuándo se necesita ayuda para manejar las emociones difíciles o situaciones estresantes y tener la confianza para buscar ese apoyo.

Este apoyo emocional puede provenir de diferentes fuentes, como amigos, familiares o profesionales de la salud mental. Los amigos y la familia pueden ofrecer un oído comprensivo, consejos prácticos y un sentido de conexión y pertenencia que son fundamentales para el bienestar emocional.

Sin embargo, en algunos casos, puede ser necesario buscar ayuda profesional. Los profesionales de la salud mental, como psicólogos, psiquiatras o consejeros, están capacitados para proporcionar apoyo emocional y tratamiento para una amplia gama de problemas de salud mental, como la ansiedad, la depresión, el estrés postraumático, entre otros.

Buscar apoyo emocional cuando sea necesario es un paso valiente y crucial para cuidar la salud mental. No solo proporciona un espacio seguro para expresar emociones y preocupaciones, sino que también puede ayudar a desarrollar habilidades de afrontamiento y resiliencia para enfrentar los desafíos futuros.

- Cultiva una actitud positiva y practica la gratitud en tu vida diaria.

El tercer punto de la clave 3, centrado en el cuidado de la salud mental, resalta la importancia de cultivar una actitud positiva y practicar la gratitud en la vida diaria. Esta acción implica adoptar una mentalidad optimista y enfocarse en los aspectos positivos de la vida, incluso en medio de desafíos y adversidades.

Cultivar una actitud positiva implica aprender a ver el lado bueno de las situaciones, buscar soluciones en lugar de centrarse en los problemas y mantener una perspectiva optimista sobre el futuro. Esta mentalidad puede ayudar a reducir el estrés, mejorar el estado de ánimo y promover el bienestar emocional en general.

Además, practicar la gratitud implica tomar tiempo cada día para reflexionar sobre las cosas por las que estamos agradecidos.

Esto puede ser tan simple como mantener un diario de gratitud donde se anoten tres cosas positivas que ocurrieron durante el día o simplemente tomar unos minutos para pensar en las bendiciones en la vida. La gratitud promueve sentimientos de aprecio, satisfacción y felicidad, y puede ayudar a cambiar la perspectiva hacia una más positiva.

En conjunto, cultivar una actitud positiva y practicar la gratitud son poderosas herramientas para fortalecer la salud mental y emocional, fomentar el bienestar y mejorar la calidad de vida en general.

Clave 4.- Mantén Tu Mente Activa en aras de la longevidad

- Estimula tu cerebro con actividades intelectuales como la lectura, los crucigramas o aprender un nuevo idioma.

Este punto de la clave 4, enfocado en mantener la mente activa en aras de la longevidad, destaca la importancia de estimular el cerebro con actividades intelectuales. Se sugiere participar en actividades como la lectura, resolver crucigramas o aprender un nuevo idioma para mantener la mente ágil y saludable.

Estas actividades desafían al cerebro y lo mantienen en constante actividad, lo que puede ayudar a mejorar la memoria, la concentración y otras funciones cognitivas.

La lectura, por ejemplo, expone al cerebro a nuevas ideas, conceptos y vocabulario, mientras que resolver crucigramas o puzzles ejercita la capacidad de análisis y resolución de problemas. Por otro lado, aprender un nuevo idioma estimula diferentes áreas del cerebro y promueve la flexibilidad cognitiva.

Mantener la mente activa a lo largo de la vida es fundamental para preservar la agudeza mental y prevenir el deterioro cognitivo asociado con el envejecimiento. Estas actividades no solo son divertidas y desafiantes, sino que también pueden contribuir significativamente a una mayor calidad de vida y longevidad.

- Participa en actividades que desafíen tu mente y te ayuden a mantener la agudeza mental.

El segundo punto de la clave 4, "Mantén Tu Mente Activa en aras de la longevidad", destaca la importancia de participar en actividades que desafíen la mente y ayuden a mantener la agudeza mental. Estas actividades pueden variar desde juegos de estrategia hasta rompecabezas, pasando por la resolución de problemas y el aprendizaje de nuevas habilidades.

Al participar en actividades que desafían la mente, se estimulan diferentes áreas del cerebro y se promueve la formación de nuevas conexiones neuronales. Esto puede ayudar a mejorar la memoria, la concentración, la atención y otras funciones cognitivas. Además, mantener la mente activa puede ser una forma efectiva de prevenir el deterioro cognitivo asociado con el envejecimiento.

Las actividades que desafían la mente pueden incluir juegos de mesa como el ajedrez o el scrabble, la práctica de habilidades artísticas como la pintura o la música, la participación en debates o grupos de discusión, y la resolución de acertijos o enigmas.

Lo importante es elegir actividades que sean estimulantes y atractivas, y que proporcionen un desafío intelectual significativo para mantener la mente en forma y saludable a lo largo de la vida.

- ¡Nunca es demasiado tarde para aprender algo nuevo!

El tercer punto de la clave 4, "Mantén Tu Mente Activa en aras de la longevidad", resalta la idea de que nunca es demasiado tarde para aprender algo nuevo. Este principio refleja la plasticidad del cerebro humano, que es la capacidad del cerebro para adaptarse y cambiar a lo largo de la vida en respuesta a nuevas experiencias y aprendizajes.

Aprender algo nuevo en la edad adulta puede ser estimulante y gratificante. Puede ayudar a mantener la mente ágil y en forma, promoviendo la salud cognitiva y emocional.

Además, el aprendizaje continuo puede brindar un sentido de logro y satisfacción personal, así como una mayor autoestima y confianza en uno mismo.

No importa cuál sea el interés o la pasión, siempre hay oportunidades para aprender y crecer. Desde aprender un nuevo idioma hasta dominar un instrumento musical, explorar un nuevo campo de estudio o adquirir habilidades prácticas como la jardinería o la cocina, las posibilidades son infinitas.

La disposición para aprender algo nuevo en la edad adulta no solo puede enriquecer la vida personal, sino también fomentar la socialización y el desarrollo de nuevas conexiones con otras personas que comparten intereses similares.

Clave 5.- Mantén Relaciones Sociales Fuertes también ayuda a prolongar tu vida

- Prioriza el tiempo con amigos y familiares, y busca oportunidades para conectarte con otros.

El primer punto de la clave 5, "Mantén Relaciones Sociales Fuertes también ayuda a prolongar tu vida", enfatiza la importancia de priorizar el tiempo con amigos y familiares, así como buscar oportunidades para conectarse con otras personas. Esta acción es fundamental para promover la salud y el bienestar emocional en la vida de una persona mayor.

Las relaciones sociales fuertes y significativas están estrechamente asociadas con una serie de beneficios para la salud. Pasar tiempo con amigos y familiares puede proporcionar apoyo emocional, reducir el estrés y promover un sentido de pertenencia y conexión. Estas interacciones sociales también pueden estimular la mente, mejorar el estado de ánimo y fortalecer el sistema inmunológico.

Priorizar el tiempo con seres queridos y buscar oportunidades para conectarse con otras personas puede implicar actividades como reuniones familiares, salidas con amigos, participación en grupos de interés común, voluntariado o simplemente conversar con alguien en persona o por teléfono.

Estas interacciones no solo brindan placer y alegría, sino que también pueden mejorar la calidad de vida y contribuir a una vida más larga y saludable.

- Las relaciones sólidas y significativas son clave para el bienestar emocional y la longevidad.

El segundo punto de la clave 5 destaca la importancia de participar en actividades grupales y comunitarias para fortalecer las relaciones sociales y establecer nuevas amistades.

Esta acción se basa en la premisa de que la participación en actividades grupales y comunitarias ofrece oportunidades para socializar y conectarse con otras personas, lo que puede ser beneficioso para la salud y la longevidad.

Participar en actividades grupales y comunitarias puede implicar unirse a clubes, grupos de interés común, clases de ejercicio, voluntariado o eventos locales.

Estas actividades proporcionan un entorno propicio para conocer a nuevas personas, interactuar con otros y establecer relaciones significativas. Además, participar en actividades grupales fomenta un sentido de pertenencia y comunidad, lo que puede promover el bienestar emocional y la satisfacción personal.

Establecer nuevas amistades y fortalecer las relaciones sociales a través de actividades grupales y comunitarias puede tener efectos positivos en la salud y la longevidad.

Las conexiones sociales sólidas están asociadas con una mejor salud mental, menor estrés, mayor felicidad y una mayor esperanza de vida.

Por lo tanto, participar activamente en actividades que fomenten la interacción social y el establecimiento de nuevas amistades puede ser una estrategia efectiva para promover una vida larga y saludable.

6.- Cuida tu Salud Preventiva

• Programa chequeos médicos regulares y sigue las recomendaciones de tu médico.

El primer punto de la clave 6 resalta la importancia de cuidar la salud preventiva para promover la longevidad. En específico, se enfoca en programar chequeos médicos regulares y seguir las recomendaciones de tu médico.

Programar chequeos médicos regulares es fundamental para detectar cualquier problema de salud en sus etapas tempranas, cuando son más tratables. Durante estas consultas, los profesionales de la salud pueden realizar exámenes de rutina, evaluar el estado de salud general y detectar posibles signos de enfermedades o afecciones médicas.

Esto incluye pruebas de laboratorio, mediciones de presión arterial, evaluaciones de salud mental y física, entre otros.

Seguir las recomendaciones del médico también es crucial para mantener una buena salud preventiva. Esto puede implicar llevar un estilo de vida saludable, seguir una dieta equilibrada, hacer ejercicio regularmente, mantener un peso saludable, evitar el consumo de tabaco y alcohol en exceso, y tomar los medicamentos recetados según las indicaciones médicas.

Al priorizar la salud preventiva y realizar chequeos médicos regulares, se pueden identificar y abordar problemas de salud de manera oportuna, lo que puede ayudar a prevenir complicaciones graves y promover una vida más larga y saludable.

Por lo tanto, seguir este consejo puede ser una parte importante de un enfoque integral para mantenerse saludable a lo largo de la vida.

- Vacúnate contra enfermedades prevenibles y realiza exámenes de detección temprana de enfermedades.

El segundo punto de la clave 6 enfatiza la importancia de cuidar la salud preventiva para promover la longevidad al mencionar dos acciones específicas: vacunarse contra enfermedades prevenibles y realizar exámenes de detección temprana de enfermedades.

Vacunarse contra enfermedades prevenibles es una medida crucial para proteger la salud a lo largo de la vida. Las vacunas son herramientas efectivas para prevenir enfermedades infecciosas graves, como la gripe, el sarampión, la varicela, la hepatitis, entre otras.

Al recibir las vacunas recomendadas según las pautas de salud pública y de tu médico, puedes reducir significativamente el riesgo de contraer estas enfermedades y sus complicaciones asociadas.

Realizar exámenes de detección temprana de enfermedades también es fundamental para mantener una buena salud preventiva.

Estos exámenes pueden incluir pruebas de laboratorio, estudios de imagenología, evaluaciones médicas y otros procedimientos destinados a identificar signos tempranos de enfermedades crónicas, como la diabetes, el cáncer, las enfermedades cardíacas y las afecciones respiratorias, entre otras.

Detectar estas enfermedades en sus etapas iniciales permite un tratamiento más efectivo y puede ayudar a prevenir complicaciones graves en el futuro.

Reiteramos, vacunarse contra enfermedades prevenibles y realizar exámenes de detección temprana son medidas clave de cuidado preventivo que pueden contribuir significativamente a la longevidad y al mantenimiento de una buena salud a lo largo de la vida.

* Adopta un enfoque proactivo hacia tu salud para prevenir enfermedades y promover el bienestar a largo plazo.

El tercer punto de la clave 6 enfatiza la importancia de adoptar un enfoque proactivo hacia la salud para prevenir enfermedades y promover el bienestar a largo plazo.

Este enfoque proactivo implica tomar medidas activas y conscientes para mantener y mejorar la salud en lugar de esperar a que aparezcan problemas de salud antes de actuar.

Al adoptar este enfoque, las personas pueden identificar y abordar los factores de riesgo conocidos, implementar hábitos de vida saludables y buscar regularmente la atención médica preventiva.

Prevenir enfermedades implica tomar decisiones informadas sobre la dieta, el ejercicio, el manejo del estrés, el sueño y otros aspectos del estilo de vida que pueden influir en la salud.

Por ejemplo, seguir una dieta equilibrada rica en frutas, verduras, granos enteros y proteínas magras, mantenerse físicamente activo, evitar el tabaquismo y el consumo excesivo de alcohol, y manejar el estrés de manera efectiva son medidas clave para prevenir enfermedades crónicas como la diabetes, la hipertensión y las enfermedades cardíacas.

Además, promover el bienestar a largo plazo implica no solo prevenir enfermedades, sino también fomentar la salud física, mental y emocional en general. Esto puede incluir prácticas como la meditación, el autocuidado, la búsqueda de actividades que proporcionen alegría y propósito, y mantener conexiones sociales significativas.

Entonces, adoptar un enfoque proactivo hacia la salud implica tomar medidas preventivas y promover el bienestar en todas las áreas de la vida para disfrutar de una vida larga y saludable.

7.- Encuentra Propósito y Significado en tu meta de longevidad.

- Identifica tus pasiones, intereses y valores, y busca actividades que te brinden un sentido de propósito.

El primer punto de la clave 7 destaca la importancia de encontrar propósito y significado en la meta de longevidad.

Identificar tus pasiones, intereses y valores es fundamental para descubrir actividades que te brinden un sentido de propósito en la vida. Este proceso implica reflexionar sobre lo que te motiva, lo que te hace sentir realizado y lo que consideras importante en tu vida. Puede ser útil hacer una lista de tus intereses y valores personales, así como considerar las experiencias pasadas que te hayan traído alegría y satisfacción.

Una vez que hayas identificado estas áreas clave, puedes comenzar a buscar actividades que se alineen con tus pasiones e intereses.

Estas actividades pueden variar ampliamente y pueden incluir hobbies, voluntariado, proyectos creativos, educación continua, actividades sociales o cualquier otra cosa que te brinde un sentido de propósito y significado.

Encontrar propósito y significado en la vida es importante porque puede proporcionar dirección, motivación y satisfacción personal. Cuando te comprometes con actividades que son significativas para ti, es más probable que te sientas conectado con el mundo que te rodea y que experimentes un mayor bienestar emocional y mental.

Además, tener un propósito claro en la vida puede ayudarte a enfrentar los desafíos con resiliencia y a mantener una actitud positiva incluso en momentos difíciles.

- Encuentra formas de contribuir a tu comunidad y hacer una diferencia en la vida de los demás.

El segundo punto de la clave 7 resalta la importancia de encontrar propósito y significado en tu meta de longevidad a través de contribuciones a la comunidad y la vida de los demás.

Contribuir a tu comunidad puede tomar muchas formas, desde participar en actividades de voluntariado hasta compartir tu experiencia y conocimientos con otros. Estas acciones no solo benefician a quienes reciben tu ayuda, sino que también pueden proporcionarte una profunda sensación de satisfacción y realización personal.

Al involucrarte en actividades comunitarias, puedes establecer conexiones significativas con personas que comparten tus valores y objetivos. Esto puede crear un sentido de pertenencia y conexión social, lo que contribuye positivamente a tu bienestar emocional y mental.

Además, hacer una diferencia en la vida de los demás puede brindarte un sentido de propósito y significado más allá de tus propios intereses y necesidades. Saber que estás contribuyendo de manera positiva al mundo que te rodea puede inspirarte a seguir adelante y a enfrentar los desafíos con determinación y optimismo.

Encontrar formas de contribuir a tu comunidad y hacer una diferencia en la vida de los demás puede ser una poderosa fuente de propósito y significado en tu meta de longevidad.

- Cultiva relaciones significativas y encuentra momentos de gratitud en tu vida diaria.

El tercer punto de la clave 7 destaca la importancia de cultivar relaciones significativas y encontrar momentos de gratitud en la vida diaria como parte de tu meta de longevidad.

Las relaciones significativas son aquellas que te brindan apoyo emocional, conexión genuina y un sentido de pertenencia. Estas relaciones pueden incluir amistades cercanas, lazos familiares fuertes y conexiones comunitarias. Al invertir tiempo y energía en cultivar y mantener estas relaciones, puedes experimentar un mayor bienestar emocional y satisfacción en tu vida.

Además, encontrar momentos de gratitud implica reconocer y apreciar las cosas positivas en tu vida, desde pequeños placeres cotidianos hasta grandes logros y experiencias significativas. Practicar la gratitud regularmente puede ayudarte a mantener una actitud positiva, mejorar tu estado de ánimo y fortalecer tus relaciones interpersonales.

Al centrarte en cultivar relaciones significativas y encontrar momentos de gratitud en tu vida diaria, puedes agregar profundidad y significado a tu existencia. Estas prácticas no solo pueden contribuir a tu felicidad y bienestar general, sino que también pueden fortalecer tu sentido de propósito y significado en tu meta de longevidad.

¡Con estas siete acciones claves para la longevidad, estás en camino hacia una vida larga, saludable y plena! Recuerda que cada pequeño paso que tomes hacia el bienestar cuenta, ¡así que comienza hoy mismo tu viaje hacia una vida más saludable y feliz!

Reflexiones finales

En las reflexiones finales del libro "Bienestar en la Vejez: Abordando Necesidades y Prioridades en la Tercera Edad", se destaca la importancia de la acción y el compromiso con la longevidad como pilares fundamentales para una vida plena en la vejez.

El compromiso con la longevidad implica una mentalidad proactiva y orientada hacia el bienestar a medida que avanzamos en edad.

Es reconocer que el envejecimiento es parte natural de la vida y que tenemos el poder de influir en nuestra calidad de vida a medida que envejecemos. Esto implica tomar medidas concretas para cuidar nuestra salud física, mental y emocional, así como también mantenernos socialmente activos y comprometidos con nuestras metas y pasiones.

La acción es el motor que impulsa el cambio y el crecimiento en la vida adulta mayor. Significa tomar decisiones conscientes y progresivas para mejorar nuestra salud, fortalecer nuestras relaciones y perseguir nuestros intereses y aspiraciones. No se trata solo de vivir más tiempo, sino de vivir mejor y de manera más significativa.

Al adoptar una mentalidad de compromiso con la longevidad y tomar acciones consistentes para cuidar nuestro bienestar, podemos enfrentar los desafíos de la vejez con resiliencia, optimismo y determinación. Esto nos permite disfrutar de una vida plena y satisfactoria, independientemente de nuestra edad cronológica, y nos ayuda a construir un futuro en el que podamos envejecer con gracia y dignidad.

Conclusión

En la culminación de este libro sobre "Bienestar en la Vejez: Abordando Necesidades y Prioridades en la Tercera Edad", es evidente que la vejez no es simplemente una etapa final en la vida, sino una oportunidad para el crecimiento, la realización y la plenitud. Hemos explorado una amplia gama de temas relacionados con el bienestar en la tercera edad, desde la salud física y mental hasta el sentido de propósito y la planificación para el futuro.

A lo largo de estas páginas, hemos resaltado la importancia de adoptar un enfoque integral para el cuidado en la vejez, abordando tanto las necesidades físicas como emocionales y sociales de los adultos mayores. Hemos visto cómo el ejercicio regular, una alimentación saludable, el manejo del estrés y la conexión social son fundamentales para mantener una buena calidad de vida en la vejez.

Además, hemos explorado la importancia de mantenerse mentalmente activo, encontrar un sentido de propósito y cultivar relaciones significativas para una vida enriquecedora en la tercera edad. También hemos subrayado la necesidad de una planificación adecuada para garantizar la seguridad financiera, el acceso a la atención médica y el control sobre decisiones futuras.

En conclusión, el bienestar en la vejez es un viaje continuo que requiere atención, compromiso y adaptabilidad. Al abordar las necesidades y prioridades específicas de los adultos mayores, podemos ayudar a promover una vida plena y satisfactoria en esta etapa de la vida.

Que este libro sirva como guía y recurso para aquellos que buscan envejecer con gracia, dignidad y alegría. Si este libro te ha ayudado deja una reseña para ayudar a otras personas. Bendiciones.

CREA
LO QUE
DESEAS
Pedro Agüero Vallejo

EN BUSCA DE
SUPERACIÓN
PERSONAL
Salvando Obstáculos
Pedro Agüero Vallejo

CRECIMIENTO
PERSONAL
Pedro Agüero Vallejo

MENTALIDAD
SIN
LÍMITES
Pedro Agüero Vallejo

INSPIRACIÓN
Y PROPÓSITOS
PARA
ADOLESCENTES
Estrategias Motivadoras
para jóvenes
PEDRO AGÜERO VALLEJO

JÓVENES
CON
PROPÓSITOS
EN EL SIGLO 21
Motivaciones Esenciales
para Adolescentes
PEDRO AGÜERO VALLEJO

VAS A
SANAR
Pasos para Sanarte
Pedro Agüero Vallejo

EL SÍNDROME
DEL IMPOSTOR
Y CÓMO SUPERARLO
La Batalla Interna:
entre Sentirse Falso y Ser Real
PEDRO AGÜERO VALLEJO

CÓMO
VIVIR
TU
Propósito
Descúbrelo en la Contribución
que Disfrutas Hacer
PEDRO AGÜERO VALLEJO

OTRAS OBRAS DEL AUTOR

- Hábitos que resaltan tu personalidad

- 13 Hábitos de la gente altamente eficiente

- En busca de la Superación Personal

- Cómo y porqué aprender a sublimar tazas y thermos

- Como Crear un huerto para cultivos en casa

- El camino es la meta

- 13 Habits of highly efficient people

- Habits that highlight your personality

- Turismo de salud y bienestar

- Economías naranja

- Cuándo buscar consejería matrimonial

- La Inteligencia artificial al servicio de la humanidad

- Terapia de pareja cognitivo-conductual (TCC)

- Construye tu imagen de marca como autor

- Paz interior mediante meditación

- El Poder de los Hábitos Cotidianos

- Pasos para que sucedan cosas buenas

- Los Secretos de los millonarios

- Caminando con Cristo

- Plantar, Regar y Esperar en Dios

- Evangelismo- Un Viaje Espiritual

- Cómo ser autodidacta

- Ser positivo: Cómo ser más productivo y exitoso

- Cómo ser optimista

- Caminar es salud

- Cómo eliminar los frenos mentales

Gracias, para ayudarte en tus proyectos digitales, contáctanos: https://pedroaguerovallejo.com

https://wa.link/e4caie

https://www.instagram.com/scritor1

Todos mis libros

www.ingramcontent.com/pod-product-compliance
Lightning Source LLC
Chambersburg PA
CBHW060916140726
47996CB00001B/272